Nelson Liano Jr.

O DESPERTAR *de* HOMENS COMUNS

Nelson Liano Jr.

O DESPERTAR *de* HOMENS COMUNS

Em busca do PROPÓSITO com SRI PREM BABA

Prefácio de
GLORIA ARIEIRA

1ª edição

Rio de Janeiro | 2017

CIP-BRASIL. CATALOGAÇÃO NA FONTE
SINDICATO NACIONAL DOS EDITORES DE LIVROS, RJ

L661d
1ª ed.

Liano Jr., Nelson
O despertar de homens comuns: em busca do Propósito com Sri Prem Baba / Nelson Liano Jr. - 1ª ed. - Rio de Janeiro: BestSeller, 2017

ISBN 978-85-465-0064-2

1. Prem Baba, Sri, 1965- - Ensinamentos. 2. Autoconsciência.
3. Vida espiritual - Hinduísmo. I. Título.

17-44641

CDD: 294.544
CDU: 233.4

O despertar de homens comuns, de autoria de Nelson Liano Júnior.

Texto revisado segundo o novo Acordo Ortográfico da Língua Portuguesa.

Primeira edição impressa em novembro de 2017.

Capa: design de Elmo Rosa com fotos de Irene Caminada.

Encarte de fotos: Crédito das fotos de número 2, 3, 4, 5, 6, 7, 8, 9, 10, 11, 12, 13, 14, 15, 16, 17, 18, 19, 20, 21, 22, 23, 24 e 25 © Irene Caminada. Crédito das fotos de número 1 (A, B, C, D, E) e 29: Divulgação. Crédito das fotos de número 26 e 27 © Julien Balmer/Awaken Love. Crédito das fotos de número 28, 31, 34, 35 e 36 © Sitah/Awaken Love. Crédito das fotos de número 30 e 32 © Silvio Fatz. Crédito da foto de número 33 © Durga Prema.

A editora agradece a Awaken Love e a Irene Caminada por terem gentilmente cedido as fotos para reprodução no encarte.

Direitos exclusivos de publicação em língua portuguesa para o Brasil
adquiridos pela
Editora Best Seller Ltda.
Rua Argentina, 171 - 2º andar - São Cristóvão
Rio de Janeiro, RJ - 20921-380
que se reserva a propriedade literária desta edição.

Impresso no Brasil

ISBN 978-85-465-0064-2

Dedicado ao Guillermo.
Uma nova vida, uma nova jornada,
uma nova chance para o amor se manifestar...

Minha gratidão a Irene Caminada, que esteve na jornada comigo. Fotografou, traduziu e transcreveu, sempre mantendo o seu entusiasmo vivo na trilha dos Sachchas para o despertar de homens e mulheres comuns!

Jay Jay Maa Ganga Namah!

SUMÁRIO

Prefácio

Algumas palavras sobre *O despertar de homens comuns*

Nelson Liano Jr. tem uma longa história com a espiritualidade. Jornalista e bem-relacionado na política, ele é uma pessoa basicamente comprometida com a vida espiritual. Eu o conheci em 1998, e desde então somos amigos. Sua filha foi colega de escola da minha, e, quando ele foi morar no Acre, fui visitá-lo com meus filhos e minha amiga Tetê.

Nelson já tinha uma ligação com a Índia quando nos conhecemos. Foi editor para o Vidya Mandir de alguns livros do Swamiji Dayananda Saraswati em português, e o conheceu no Brasil, no final dos anos 1990. Tivemos várias conversas interessantes sobre vivência de conhecimento *versus* conhecimento meramente intelectual e sobre intuição. Ele sempre quis ir à Índia, mas acho que, inicialmente, teve medo da paixão que viria daí. E foi assim que aconteceu — se encantou com a Índia quando esteve lá, com sua cultura, sua religiosidade e seu povo. E, a seguir, com o Mestre Prem Baba e a Linhagem dos Sachchas.

A Índia é um país onde a espiritualidade e a vida dedicada a ela são muito intensas. Lá, existe uma classe de pessoas, sinceras e dedicadas ao bem-estar de todos, que abre mão de casamento, família, profissão e confortos — o sadhu e o sannyasi —, bem-aceita e respeitada na sociedade. Vivem sem casa, sem salário, sem vínculos, acolhidos pela sociedade, não por instituições religiosas. Não são mendigos, mas contribuintes, por seu total compromisso com a espiritualidade. Para uma pessoa que valoriza a vida espiritual, a Índia é encantadora. E encantou o Nelson.

Fico contente que ele tenha encontrado lá um mestre que falou ao seu coração, que o tenha ajudado a conhecer mais profundamente o país. E que tenha resolvido contar a história que mistura Nelson e Prem Baba, a intuição, a vidência, o amor, a espiritualidade. E, mais ainda, gostei da ideia de essa história ser sobre a busca e a realização dos homens comuns. É a simplicidade dos homens e das mulheres comuns, livres da arrogância e da falsidade dos que se acham abençoados e especiais, que abençoa.

Este é um livro sobre os homens comuns e a vida espiritual que é possível a todos. Com certeza, um livro que inspirará muitos.

Desejo sucesso para o livro e todos os envolvidos.

Hari Om,
Gloria Arieira

(Mestra de Vedanta, discípula do Swami Dayananda Saraswati, estudou Filosofia védica durante anos em um Ashram tradicional em Sandeepany Sadhanalaya – Powai Park – Mumbai – Maharastra, Índia. Criadora do Vidya Mandir, no Rio de Janeiro.)

Prólogo

O despertar de homens comuns

Em busca do Propósito com Sri Prem Baba

"Se você se tornar uma partícula de Shiva, estará contido no Universo, e nem a morte poderá mais te alcançar."

Nelson Liano Jr.

O encontro com Prem Baba provocou muitas mudanças em minha vida. A percepção de um mestre espiritual só tem sentido se o processo de aprendizado tiver efeito de transformações dentro de nós. Isso aconteceu comigo, mesmo que eu tivesse demorado a perceber. Quando despertada, a energia espiritual desencadeia processos internos intensos. Inconscientemente, mudanças acontecem, ultrapassando a compreensão lógica. Então, a mente começa a fazer seus julgamentos, para desqualificar essas experiências.

Sempre tive uma busca espiritual intensa. Passei por várias escolas de diferentes linhas espirituais tanto do Ocidente quanto do Oriente. Além do fato de ter trabalhado como editor de alguns dos autores de autoconhecimento mais famosos do mundo, nos tempos em que ajudei a criar o selo Nova Era, do Grupo Editorial Record, nos anos 1990. Entretanto, o meu trabalho como jornalista político me afastou um pouco de mim mesmo, ao mesmo tempo em que me deu uma conexão com a realidade e com o inconsciente coletivo, mergulhado no jogo da dualidade que oscila entre o material e o espiritual.

O guru é uma projeção de Deus no nosso interior, que nos desperta da letargia do cotidiano racional. Ajuda a nos lembrar de quem realmente somos. Encontrar um guru vivo é uma oportunidade para fundir todos os mestres em um só conhecimento. Ele é capaz de nos dar consciência da atuação da energia Shakti, que em outras formas de espiritualidade pode ser chamada também de Espírito Santo, Axé, Chi e tantos outros nomes.

Na cultura cabocla ayahuasqueira da Amazônia, essa energia transformadora e de autoconhecimento se chama Juramidam. Como diz o Padrinho Sebastião: "meu Pai (Ishvara, ou o Criador) se chama Jura, e nós todos somos Midam (Jiva ou o indivíduo)." É a fusão da nossa individualidade com o Criador que pode nos afastar da dualidade e alcançar a Unidade ou Iluminação, como alguns podem chamar.

O encontro com Prem Baba redespertou a busca do meu Ser. Acredito que tenha me ajudado a sintetizar todo o conhecimento intuitivo. Deu um novo sentido e uma nova direção para a minha jornada de buscador. Nesse processo, aconteceram e ainda acontecem muitas idas e voltas, elevações e quedas. Mas, em síntese, o meu encontro "casual" com Prem Baba provocou um incômodo, uma necessidade de mudar alguma coisa, tanto no plano consciente quanto no inconsciente.

O papel de um guru é despertar o conhecimento que já existe dentro de nós e que está adormecido. Um verdadeiro mestre tem a capacidade de nos ajudar a expandir a consciência, o que permite que percebamos o verdadeiro Ser que nos habita e nos dá a noção da Unidade, rasgando o véu ilusório da separação que nos provoca tanto sofrimento.

O impacto desse encontro com Prem Baba gerou um questionamento enorme sobre mim mesmo. As dúvidas a respeito desse mestre com quase a mesma idade que eu foram enormes. Mas foram exatamente esses questionamentos que me levaram a uma nova busca em minha vida. A razão procurava pontos de desequilíbrio para que eu desacreditasse ter encontrado um guru vivo, enquanto o amor fluía dentro de mim de forma natural e espontânea. Uma maneira diferente de ver as coisas se estabilizava, cada vez mais, interiormente. A razão perdia para a intuição, que, vitoriosa, me arrastava pelas correntes das águas de amor e conhecimento do rio Ganges (Ganga), uma entidade espiritual viva da cultura védica.

O fato é que, em pouco mais de um ano de contato com Prem Baba, abriu-se uma nova senda para a minha percepção. Encontrei com o Guru em vários lugares. Primeiro, em Rishikesh, na Índia, e depois nos ashrams de Alto Paraíso de Goiás e Nazaré Paulista, no interior de São Paulo, no Brasil. Estive com ele também em Rio Branco, no Acre, Amazônia brasileira. Todos esses encontros ocorreram no mesmo ano. Aguçando, cada vez mais, a minha curiosidade pela fonte espiritual que o abastecia e arrastava um número cada vez maior de devotos para o caminho Sachcha: de despertar o amor em si, em todos, em tudo e em todos os lugares.

Precisava me convencer da verdade do Guru. O instinto investigativo de jornalista não poderia aceitar simplesmente a maestria e a força espiritual ativa em outro homem encarnado. Não é fácil reconhecer um milagre, mesmo que esteja ocorrendo diante dos nossos olhos. A mente sempre vai procurar uma razão lógica para qualquer fenômeno que fuja do seu controle.

Por isso, decidi que faria uma pesquisa por meio de vivências pessoais, para encontrar a origem dessa força espiritual regeneradora que identifiquei em Prem Baba. Eu sabia que ele não tinha simplesmente entrado em meditação em uma montanha qualquer da Índia e resolvido ser um guru. Não tinha se vestido de um personagem de longas barbas e túnica brancas para seduzir uma plateia. Ainda que, na realidade, seja um teatro espiritual, onde mestre e discípulo se tornam atores de um espetáculo vivo que tem efeito transformador na vida das pessoas.

Eu sentia tudo isso muito além do jogo das aparências. A energia de regeneração que nos permite acessar novos estágios da consciência está viva nesse movimento de Prem Baba. Uma fonte de espiritualidade ancestral abastece seus ensinamentos. Algo puro transmitido pelas ondas do tempo, por mestres que conseguiram transcender a simples existência material e que se tornaram Um com o Universo, superando a dualidade que separa e limita nossa verdadeira capacidade de compreensão da existência.

Prem Baba está na linha dos Gurus Sachchas, homens que se realizaram para acender a luz do conhecimento em outras pessoas. Ao alcançarem o Estado Supremo de consciência, o corpo deixou de ser um limite para esses seres. Os mestres Sachchas continuam vivos, ensinando e cumprindo a Missão de despertar o amor na humanidade. Utilizam a canalização por meio dos Jivas (indivíduos ou personalidades) dos seus discípulos, para atuarem no plano terrestre em um ato de compaixão que arrasta todos, à luz do Ser Supremo.

Existe uma história, uma verdade por trás de tudo isso. O interessante é que, coincidindo com o meu encontro, Prem Baba começou a se tornar mais conhecido no Brasil. Seus livros se tornaram *best-sellers*, e o interesse de artistas e políticos pelo seu conhecimento, objeto de badalações na mídia. Consequentemente, as desconfianças também aumentaram. Isso me estimulou ainda mais a revelar a sua história. Não a história de uma personalidade alçada ao conhecimento público, mas sim da fonte de energia espiritual que permite a Prem Baba realizar o seu movimento no planeta.

Prem Baba faz parte da Linhagem ancestral de mestres dos Sachchas. Essa palavra em hindi deriva do sânscrito *satya* (verdade). A transmissão do conhecimento e do poder espiritual é direta, de guru para guru (Parampara). O reconhecimento é por via mediúnica. Prem Baba sonhou acordado com o seu mestre quando ainda era adolescente, em um *insight*, ouvindo um mantra devocional védico. Recebeu, ao longo do tempo, vários sinais e chamados que o levaram ao encontro do seu Guru, aos 33 anos de idade.

Prem Baba é o nome recebido por Janderson Fernandes, do seu Guru Maharaj. Ele percorreu vários caminhos espirituais antes de encontrar, em Rishikesh, na Índia, o seu mestre Maharaj Ji, que revelou o seu verdadeiro Ser. A alquimia entre o buscador Janderson e o seu Guru Maharaj Ji gerou o nascimento de Prem Baba dentro da mesma casca corporal, mas em outro estágio de consciência.

Esse encontro transformou não só a sua vida, mas a de milhares de pessoas que passaram a segui-lo como um guru. A cada ano, os seus Satsangs (espécie de palestras sobre o conhecimento do Ser) atraem mais pessoas do mundo inteiro ao Ashram Sachcha Dham, em Rishikesh, para os retiros de silêncio, e também às suas temporadas de ensinamento em Alto Paraíso de Goiás, no Brasil.

A palavra *guru*, em sânscrito, é composta por duas sílabas antagônicas que significam, respectivamente, trevas e luz. O guru é o dissipador de trevas, um guia para que os seus seguidores espirituais realizem a divindade interior que habita em todos, ainda que essa palavra tenha sido usada no Ocidente, algumas vezes, em tom pejorativo e preconceituoso.

Um verdadeiro guru tem a força espiritual capaz de mostrar os atalhos para o despertar do nosso verdadeiro Ser. Esse toque que pode ser transmitido diretamente. A Shaktipat é uma energia interna poderosa que, ao ser despertada pelo toque do guru, move-se e provoca grandes transformações nas pessoas. Movimenta o corpo, a mente e o espírito, rasgando os véus da ilusão que provocam todo o sofrimento na humanidade.

É como acordar de um sonho e começar a entender que a vida é um fluxo constante e eterno que não tem começo nem fim. Esse entendimento afasta o medo, que é provocado pela impermanência ou pela morte. As pessoas acreditam que, com o fim do corpo, a vida também termina, e que precisam acumular para viver o maior tempo possível. Acreditam precisar fazer uma biografia para o seu nome e sua identidade sobreviverem à aniquilação da matéria. Tudo isso é ilusão, porque a vida depois do corpo continuará a fluir em outras formas de consciência, até o Ser reencarnar novamente na matéria (corpo) ou se iluminar e permanecer além da Samsara, o ciclo de encarnação, morte e reencarnação.

Minha intenção é contar um pouco da história espiritual de Prem Baba, mesclando-a com as minhas vivências. Mostrar suas relações com a política, o meio ambiente, a educação, como forma de despertar o Dharma e a conduta correta capaz de transformar a humanidade.

Isso pode parecer pretensioso, mas a realidade planetária poderá se modificar por meio de pequenas ações conscientes. É um paradoxo, porque parece que ninguém tem a força para provocar a transformação necessária, ao mesmo tempo em que todos têm a centelha capaz de mudar o mundo. Cada um que desperta do sonho da ilusão, provocada pela dualidade, está transformando a nossa realidade.

Quero falar um pouco sobre a Linhagem espiritual de Sachchas Gurus, homens comuns que despertaram. Aliás, essa é a Missão primordial Sachcha: despertar as pessoas da sonolência provocada pela ilusão para que encontrem uma nova forma de viver, mais conectada com a realidade espiritual, e aprendam a desapegar-se de tantos sofrimentos, deixando de ser mendigos para assumir o seu lugar no Palácio do Grande Rei do Universo, como filhos da Criação.

Por meio da transcrição das minhas conversas com Prem Baba e com outros mestres espirituais e buscadores, minha intenção é mostrar que a realização espiritual não é apenas para pessoas especiais, que já nascem predestinadas. A história da Linhagem Sachcha mostra que isso é possível e se propõe a ajudar no despertar de mais homens comuns ao redor do planeta.

Acredito que o conhecimento transmitido por esses mestres pode ser um espelho para os buscadores. Se, como descrevem as escrituras védicas, Deus habita dentro de cada um de nós (SoHam), então, o outro também é Deus. A consciência divina desperta se reflete nos nossos semelhantes. Amando o outro, estaremos amando a Deus e realizando sua obra no mundo. Somos todos instrumentos de um grande plano cósmico de transformação da dualidade em Unidade.

Não é preciso se retirar do mundo e ir morar em uma caverna nos Himalaias para alcançar o conhecimento do Ser. O momento planetário pede uma ação no mundo material para intervir em processos de destruição e escravidão. A humanidade caminha perdida no auge da Kali Yuga (Era do

Ferro), um tempo previsto pelos sábios da Índia, de muito sofrimento. A única cura possível é o despertar do amor.

Prem Baba conversou comigo não só sobre a realização espiritual, mas também sobre as suas ações práticas para a transformação da consciência das pessoas. O Guru discorreu com naturalidade sobre política, meio ambiente, educação e saúde. O movimento fundado por ele, o Awaken Love, tem projetos já em andamento, em importantes áreas sociais.

O Guru acredita que, se o autoconhecimento se tornar uma política pública, haverá uma luz no caminho para a salvação da humanidade, imersa no caos da ignorância, que gera a violência, a exploração, a destruição da natureza e o sofrimento. Por meio da meditação, do silêncio e da auto-observação, é possível dar passos em direção ao nosso verdadeiro Ser.

O despertar de homens comuns é a tentativa de fazer uma alquimia entre diversos conhecimentos, utilizando as palavras para inspirar outros buscadores. Pretende mostrar que não é preciso abandonar o mundo para poder se conhecer, basta a disposição de olhar para dentro de si mesmo e reconhecer o universo interior, que é infinitamente maior que o exterior. São pistas para se alcançar um estado em que a paz, o amor e a prosperidade estão vivos, em um lugar de silêncio, sem o ruído dos nossos conflitos, para nos confortar nessa existência.

Só por meio do autoconhecimento, que tem na meditação um dos seus instrumentos mais poderosos, é possível viver uma experiência direta com Deus, e isso está acessível a todos que desejam bater na porta da imortalidade. Como disse o Mestre Jesus: "Bata e a porta se abrirá." Os textos deste livro não são um manual à santidade. Meu objetivo é que esse toque dos gurus provoque nas pessoas uma reflexão de que é possível viver esta encarnação com mais consciência e desperto para o mundo sutil que nos rodeia. Que possamos nos reconhecer no nosso verdadeiro Ser Supremo e nos libertar de toda a miséria a que fomos condenados por um sistema materialista e perverso.

Jay Jay Guru Om

Sobre alguns conceitos védicos utilizados na obra

Durante a leitura, aparecerão várias palavras em sânscrito ou hindi que transcendem os seus significados literais por serem conceitos filosóficos védicos. Como esses idiomas da Índia possuem um alfabeto próprio, a transliteração adotada depende do autor. Não existe aportuguesamento certo ou errado, mas critérios de preferência da forma a ser utilizada.

Preferi colocar entre parênteses o significado em português dessas palavras, letras e conceitos védicos, sempre que aparecerem, mesmo sendo redundante. Acho muito chato, quando se lê um livro, ter de parar o fluxo da leitura para ir buscar em notas de rodapé ou em glossários os significados daquilo que se está lendo. O ritmo da leitura é como o de uma música. Imaginem ficar parando o som toda hora para entender uma palavra contida na letra ou de um instrumento utilizado no arranjo da canção?

Além disso, alguns aspectos do conhecimento pesquisado para a obra se repetem em diferentes trechos da leitura, conforme o contexto, para facilitar o entendimento. O sistema de ensinamento védico utiliza a repetição mântrica para provocar a reflexão, a contemplação e a meditação sobre determinado tema.

A cultura espiritual védica é baseada no entendimento das letras e palavras que estão relacionadas diretamente à própria Criação do Universo e ao autoconhecimento. Um exemplo é a primeira letra do alfabeto sânscrito, OM (alguns preferem AUM na transliteração), que simboliza o som primordial que permeia todas as coisas criadas e não criadas. É a base de todos os mantras (repetição do Nome Sagrado de um dos possíveis aspectos de Deus) das diferentes linhagens relacionadas ao Hinduísmo e à Yoga nas suas mais diversas vertentes.

O Budismo é um ramo do Hinduísmo, já que Sidarta Gautama, o Buda, teve toda a sua vida e iniciação espiritual na Índia, sob forte influência dos conceitos védicos. Assim, muitos dos aspectos filosóficos citados na obra têm significados similares para os budistas. Entre eles, o mais importante é o Dharma.

Dharma, ou Dhamma, (no Budismo) significa a conduta correta, atitudes inspiradas pelo conhecimento espiritual para realizar ações (carmas) que gerem frutos ao autoconhecimento, à Iluminação ou liberação das amarras ilusórias (Mayas) relacionadas à materialidade e à racionalidade dos buscadores.

Maya significa, literalmente, ilusão. Mas, no contexto da jornada espiritual, é o aprisionamento aos conceitos de posse e apego material e mental. O medo da morte seria provocado pela ilusão de Maya, já que, num entendimento védico mais profundo, o que existe é uma troca de roupas (corpos) e não o final da existência. Além disso, a vida pode se desdobrar em infinitas formas, muito além da limitação imposta pelo conceito ocidental de morte. Maya também representa a dualidade, a separação e o julgamento, que gera a dúvida e, consequentemente, o medo.

Outro conceito importante é Samsara, o fluxo contínuo de mortes e renascimentos no plano material. A mente dos incautos aprisionada por Maya (ilusão) gera as ações (carmas) que determinam a reencarnação para poder se avançar em direção à liberação definitiva ou Iluminação (Samadhi). O jogo da Samsara, portanto, pode durar muito tempo ou muitas encarnações, conforme o merecimento (punya) do buscador.

Samadhi é o estado desperto de consciência. Tudo transformado em Unidade. A dualidade deixa de existir, e as dúvidas são eliminadas. Não existe mais certo ou errado, bem e mal, feio e bonito, noite e dia etc. É o estado da realização plena dos yogues com a divindade que habita cada um.

O Mahasamadhi é a liberação espiritual do corpo físico. Significa que "alguém" abandonou o corpo para continuar sua Missão em um plano sutil mais amplo. É um conceito que está muito além da morte. Utiliza-se Mahasamadhi para se referir à desencarnação de grandes mestres e gurus que se realizaram ou alcançaram o Samadhi durante a vida no corpo físico. *Maha* significa "grande" em sânscrito, portanto, Mahasamadhi é a libertação definitiva das amarras materiais representadas pelo corpo e suas limitações físicas.

Satsangs são espécies de palestras dadas por mestres espirituais, yogues e gurus para aqueles que estão em busca da verdade da existência. A palavra em sânscrito significa encontro com a verdade (*sat*). Os Satsangs poderiam ser comparados às aulas que têm como objeto principal o autoconhecimento e os atalhos para a vivência da nossa divindade interior.

Ashram é uma comunidade que tem como base a prática espiritual e o estudo do Ser Divino. Num certo aspecto, tem uma função similar à dos mosteiros e conventos da cultura cristã ocidental. Num ashram, tudo gira em torno da espiritualidade. O Propósito dos seus moradores e frequentadores é a realização do Eu Superior.

Vedas e Vedanta são um conjunto de textos milenares que tratam de todos os assuntos da vida social. As pessoas em geral acham que os Vedas se referem apenas à espiritualidade, mas isso não é verdade. Por exemplo, a Ayurveda é parte dos Vedas que cuida da saúde e da cura, ou seja, a medicina. A parte espiritual desses livros é Vedanta. *Anta*, em sânscrito, significa "final", então Vedanta são textos sagrados que estão ao final dos Vedas. Os mais representativos são o *Bhagavad Gita*, os Upanishads, entre muitos outros.

Sanatana Dharma, em uma tradução literal do sânscrito, seria a eterna Lei das Ações Corretas. Representa o sistema do Hinduísmo e das correntes filosóficas derivadas de transmissão de conhecimento. É o caminho do Dharma.

Shakti tem dois significados, que estão interligados em sua essência. É um dos nomes da Deusa consorte de Shiva, mas também simboliza a energia primordial que realiza as transformações nos seres humanos. É a força da divindade feminina criadora e transformadora.

Paramatman é o conceito Supremo de Deus além da dualidade. Ao contrário do que as pessoas imaginam, o Hinduísmo não é uma religião politeísta. Na verdade, os hindus cultuam diversos aspectos de Paramatman ou Ishvara. Por exemplo, Shiva é o aspecto da destruição ou transformação, Vishnu, da manutenção do Universo, e Brahman, da Criação. Na cultura védica, existe uma infinidade de divindades representativas dos aspectos masculinos e femininos de Deus para ressaltar os seus atributos, que servem de referência para a jornada humana.

Ji é um vocábulo que remete ao respeito e à reverência, utilizado depois dos nomes. Por exemplo, algumas vezes utilizei Maharaj Ji ou Swami Ji, e outras não, conforme o contexto. Também preferi usar a transliteração do hindi Sachcha para me referir à Linhagem de Gurus, à Missão, aos nomes dos Ashrams, à Filosofia e a Sacha Baba em relação ao Mestre Sri Sacha Baba Kulanandaji Maharaj.

Todas as citações do *Bhagavad Gita* neste livro são traduções da mestra Gloria Arieira, feitas diretamente do sânscrito para o português.

Nota sobre uma peregrinação literária

Para escrever este livro, depois dos meus primeiros encontros com Prem Baba, em 2016, voltei à Índia para acompanhar os seus Satsangs e peregrinei a templos e lugares sagrados, em 2017. Estive em Varanasi e Allahabad, onde estão os dois outros principais Ashrams da Linhagem Sachcha. O destino me levou também para Bodh Gaya, onde está a árvore de Iluminação de Sidarta Gautama, o Buda. Acompanhei Prem Baba em uma viagem a Ganganagar, no Rajastão, para conhecer um grupo de seus devotos indianos. Depois, tive outros encontros com o Guru em Alto Paraíso de Goiás e no Acre, na Amazônia.

Considero este trabalho uma continuação de um livro anterior que escrevi em 1996, *Shiva Jesus: Peregrinando com o vento em busca do Ser*, publicado pela Editora Gente. As comunicações mediúnicas, que fazem parte desta continuação das minhas experiências espirituais em forma de livro, são mensagens para alcançar o entendimento da nossa identidade divina. A mediunidade sempre esteve presente em minha vida, de maneira consciente ou inconsciente, mas comecei a receber, em 2016, na primeira vez em que estive na Índia, em Rishikesh, novas comunicações espirituais. Não imaginava que essas manifestações mediúnicas eram, na realidade, um arcabouço para escrever, desde o ponto de vista do movimento planetário da Linhagem Sachcha, uma obra para inspirar outros homens comuns na busca do despertar espiritual.

1. GURU: O DISSIPADOR DE TREVAS

Depois de assistir a vários Satsangs de Prem Baba em Rishikesh e Alto Paraíso, percebi que não eram os significados das palavras que importavam. Havia uma energia muito forte sendo transmitida por todo o aparelho (corpo) do Guru. Uma canalização luminosa e regeneradora, vinda de uma fonte de conhecimento ancestral. Essa luz toca as pessoas e provoca o contato com o Ser espiritual. Permite um distanciamento da ilusão estimulada pela materialidade e, consequentemente, da dualidade.

As palavras de Prem Baba geram grande efeito transformador em quem está conectado com seu ensinamento. O fato de o Guru ter estudado psicologia e experimentado várias terapias facilita a identificação das dúvidas e dos medos das pessoas. Ele instiga a avaliação e a conscientização dos nossos problemas escondidos nos lugares mais obscuros da mente. Como um encantador de serpentes, faz da música um guia para a viagem interior e o relaxamento das tensões. Cria um clima de devoção, amor e emoção. Assim, mexe com os porões que armazenam a escuridão geradora do sofrimento.

Acende a luz interior de cada um de maneira gentil e amorosa para iniciar o processo de transformação.

Prem Baba faz um trabalho espiritual integral. Está conectado com a jornada dos seus devotos muito além dos Satsangs. Recebe mensagens que tratam de assuntos cotidianos e as interpreta com as perspectivas de espiritualidade e autoconhecimento.

Os Satsangs evoluem conforme as vivências e as experiências dos buscadores vão acontecendo, no espaço de Rishikesh. É um trabalho conjunto, que pode ser chamado de terapia coletiva ou de busca espiritual guiada pelo guru. Isso acontece não só no Satsang Hall, mas no dia a dia dos que estão participando. As experiências continuam durante a estada dos buscadores em Rishikesh.

O guru não é um jogo de personalidades. Não é possível decidir ser um guru. Isso só acontece se um guru reconhece o outro e concede a ele a graça e o poder. Muitas vezes, isso significa abandonar as prisões da matéria e do desejo. Para ser um guru verdadeiro, então, é preciso muito desapego. Ser reconhecido e se reconhecer. Como diz Prem Baba, despertar e permanecer desperto, porque o jogo da ilusão (Maya) é constante e pode fazer adormecer, novamente, quem desperta.

Observando Prem Baba durante os seus Satsangs, pude perceber momentos distintos de sua atuação. É o psicólogo e o terapeuta falando. Outras vezes, é um xamã com os conhecimentos sutis da floresta. Mas, na realidade, quem está presente ensinando, na sala de Satsang, é o guru que une os conhecimentos para transformá-los em sabedoria. É uma manifestação da Unidade que permite o reconhecimento do Ser de cada um.

A linguagem do guru transcende as palavras e ativa a Shakti das pessoas. Não é o significado intelectual do conhecimento transmitido que toca os ouvintes, mas a energia que se desprende durante a atuação do guru. Essa força mexe com as profundezas daqueles que estão sintonizados com os ensinamentos. Torna-se uma experiência direta da percepção de Deus, vivo, em seu interior. Essa experiência é capaz de mexer e curar as feridas deixadas pelos erros cometidos durante a existência. Os erros são os instrumentos da ignorância que, diante da luz do verdadeiro conhecimento do Ser, se desfazem no ar e libertam a alma do buscador.

Prem Baba derruba as ilusões e mostra com simplicidade o caminho para a realização espiritual. Ele diz:

Iluminação quer dizer acordar do sonho e do sono. Iluminação só é possível pra quem está acordado e deixou de sonhar, e os sonhos são as fantasias a respeito do que cada um cria a respeito do que veio fazer aqui.

Tem um momento em que você tem que esquecer tudo que sabe sobre Deus para poder experimentá-lo diretamente. Senão, Deus será apenas mais uma crença. É preciso se esvaziar de todo o conhecimento para voltar a ser uma criança e, assim, ser preenchido pelo Espírito Divino.

A maioria das pessoas que chegam para assistir aos Satsangs de Prem Baba ainda está no início da jornada espiritual, mas o conhecimento do guru consegue quebrar as resistências e os apegos. Mesmo porque, na realidade, quem é que não está no início da jornada espiritual? O importante é perceber que a verdade vem da simplicidade, não é algo intelectual, complexo, cheio de códigos e de mistérios. Isso não é a verdade, mas só mais um jogo da mente.

Conversei com Prem Baba sobre o significado do guru e como ele entende essa maestria e o poder transmitido de um para outro. Num entardecer, na varanda de sua casa no Ashram Sachcha Dham, em Rishikesh, no princípio da temporada de Satsangs na Índia, em fevereiro de 2017, Prem Baba manifestou o seu entendimento sobre a tradição dos gurus:

Guru *é uma palavra muito pequena, mas com um significado que nem todas as palavras do mundo são suficientes para descrever. Especialmente na nossa Linhagem espiritual Sachcha, o guru tem um valor muito elevado. Nós não vemos diferença entre guru e Deus. Guru é uma manifestação do Ser Supremo, que, por misericórdia, assumiu uma forma humana. Manifesta-se como ser humano para libertar os estados de ilusão criados pela mente. É o poder que tira a pessoa da escuridão e a coloca na luz. Falando em uma linguagem mais moderna, o guru é como um GPS. Quando estou em São Paulo, observo que é simples dirigir nos lugares que conheço. Por outro lado, dirigir num lugar que não conheço é realmente difícil. Mas temos essa bênção que é o GPS, um presente para o mundo moderno, porque ele te ajuda a chegar aonde você quer. Antigamente, quando não se tinha GPS, você tinha que ir perguntando. Ah, onde é tal lugar? Com muita dificuldade, você chegava. Mas, no mundo espiritual, é muito raro quem conheça o caminho para ensinar. Então, o guru se manifesta num corpo que está devidamente preparado, porque ele conhece a jornada, sabe mostrar o caminho e ensina com a sua própria experiência.*

Esse conceito de guru é muito próprio do Sanatana Dharma, que é o caminho da Iluminação, a essência do caminho espiritual contido em todas as religiões do mundo. Independentemente de todas as distorções e criações mentais, existe uma essência que permeia todos os seres. O despertar dessa essência possibilita encontrar o caminho de volta para a nossa verdadeira casa. Essa essência, aqui na Índia, é conhecida como Sanatana Dharma, o caminho do coração e da Iluminação espiritual. O Ocidente ainda está começando a ter acesso ao Sanatana Dharma. Então, essa ideia do guru é desconhecida para os ocidentais, que só conhecem a figura do professor e do mestre espiritual. Muitas vezes, o guru é interpretado como um professor ou um mestre, mas não é exatamente isso. Professor é alguém que aprendeu sobre um determinado assunto para ensinar sobre aquela matéria. O mestre é alguém que se especializou ainda mais profundamente num assunto para ensinar. Um mestre em carpintaria pode ensinar carpintaria, um mestre pedreiro pode ensinar sobre como construir uma casa, mas o guru é um mestre da vida. Um guru não se torna um guru por escolha própria, não é ele que se faz guru, só um guru pode fazer um guru. Isso é assim para evitar que o ego se aproprie dessa experiência completamente transcendental e divina. O guru é um poder que possibilita a transcendência e conduz o buscador neste mundo de ilusão em direção à sua verdadeira realidade.

Muito além das palavras

Argumentei com Prem Baba que durante os seus Satsangs as palavras proferidas transcendiam os seus significados. Sou um artesão das palavras, um redator profissional, e sinto pela minha experiência em diversos trabalhos espirituais que uma força muito maior do que o significado racional do encadeamento do assunto tratado atua nas conversas de Prem Baba com os seus discípulos e buscadores. Perguntei se isso acontecia devido à transmissão do poder do seu Guru Maharaj, ensinando por meio de seu aparelho. Prem Baba me respondeu:

Tentando me valer das palavras (risos), porque as palavras são muito pequenas diante da verdade, que é muito grande. As palavras não são suficientes para descrever o mistério. Então, tentando fazer o melhor uso das palavras, eu diria que Maharaj fez para mim uma transferência de consciência, por meio do seu kripa (graça divina). Com seu toque, ele transferiu consciência. Isso é um fenômeno que se dá dentro do universo da Yoga. Alguns santos têm esse poder de transmitir diretamente, por meio do toque, o seu conhecimento. Agora, quero destacar que um santo no universo do Sanatana Dharma é diferente de um santo no conceito cristão. Por exemplo, no cristianismo, o santo é alguém que foi, em algum momento, reconhecido por ter feito um milagre. Normalmente, esse reconhecimento acontece depois de muito tempo que a pessoa já morreu. No Sanatana Dharma, santo é alguém que está acordado, que purificou completamente o seu coração e vive no modo da bondade, por completo. É o estado de pureza, de harmonia, de equilíbrio, de retidão com o Dharma (ação correta), que é a grande lei do Universo.

Então, alguns santos e yogues têm o poder de, por meio de um olhar, de um toque, acordar o discípulo ou transferir para ele o seu poder e a sua consciência. Isso é tão verdadeiro, tão real, tão palpável, que ocorre uma mudança de identidade naquele que está recebendo. É como se houvesse claramente um divisor de águas, um antes e um depois. É um renascimento.

O toque divino da transformação

Prem Baba contou como aconteceu o seu despertar depois de receber o toque divino do seu Guru Maharaj Ji. O interessante é que ele se refere a Janderson, sua personalidade anterior, como uma outra pessoa.

Falando da minha experiência pessoal, daquilo que eu recebi do Maharaj, tenho um amigo que testemunhou o processo pelo qual passei. Ele estava bem próximo do Janderson, fazia terapia e assistia às suas aulas. Marcos acompanhou essa mudança radical de consciência pela qual passei, depois que conheci o Maharaj e recebi a sua graça. Ele ficou completamente encantado com esse jogo divino, como as coisas acontecem, como é possível uma pessoa mudar tão drasticamente de uma hora para outra. Estar em um lugar e logo em outro. Ele diz que percebeu um salto quântico de consciência. Eu larguei o passado. Só o uso como referência para tentar explicar alguma situação que esteja acontecendo no presente.

Olhando para trás, eu reconheço que, se não fosse pela transferência de consciência, do kripa, da graça do Maharaj, eu jamais teria a consciência que tenho hoje. Nem que eu tivesse feito anos e anos de análise, anos e anos de todo tipo de trabalho de autoconhecimento e xamânico, seria impossível expandir a consciência a esse ponto. Isso só foi possível com a graça do meu Guru. Eu sei e reconheço onde estava e pude perceber o salto expansivo da minha consciência. Isso aconteceu num instante de rendição. Não tenho como explicar, só sei que, quando eu realmente vi o Maharaj e caí de joelhos aos pés dele, algo aconteceu. Fui preenchido com o néctar do amor divino que emanava dele. O Guru manifestado nele acordou o amor em mim, é assim que eu compreendo o que aconteceu.

Um resgate de vidas passadas

Na vida espiritual existem muitos mistérios que a razão não pode explicar. As coisas acontecem em outra dimensão. O imponderável e o mágico se misturam. A realidade, neste plano, transcende os limites da lógica. Como costumava dizer o Guru Siddha Baba Muktananda, não existe separação entre vida espiritual e material, tudo é espiritual. O espírito habita todas as formas de matérias vivas. As pessoas, os animais, a natureza, os astros. Todo o movimento cósmico é provocado pela ação do espírito sobre a matéria. Então, até as ações mais simples do cotidiano têm origem na espiritualidade.

Talvez um dos maiores questionamentos a respeito de Prem Baba seja o fato de ter nascido e vivido quase a vida toda no Brasil e, ainda assim, ter sido reconhecido como um mestre espiritual na Índia. Indaguei-o sobre por que o Maharaj o escolheu para dar continuidade à Linhagem Sachcha:

Prem Baba, você é brasileiro, tinha uma vida normal, era terapeuta, fazia os seus trabalhos espirituais em várias linhas, era um buscador, como vários outros aqui em Rishikesh. O Maharaj falava pouco inglês, evidentemente, não falava português. Você também, naquele momento, falava pouco inglês, e não fala hindi. Por que você foi o escolhido para dar continuidade a essa pretensiosa Missão espiritual de despertar a humanidade do sono da ilusão?

Hoje, acredito que seja a continuação de um processo iniciado em vidas passadas. Sou um discípulo eterno de Sachcha e da verdade universal, e, olhando com o espírito para o jogo que se manifesta num plano além da mente, compreendo que eu nasci no Brasil intencionalmente. Minha mônada, meu núcleo espiritual divinal, escolheu nascer no Brasil para poder absorver características específicas da consciência do conhecimento universal que tem em abundância no país. Como, por exemplo, nossa diversidade religiosa e cultural. A possibilidade de navegar em diferentes mares e acessar o espi-

ritual de uma forma única, particular e diversa como acontece no Brasil. Então, sinto que ter uma personalidade brasileira é muito importante para a Missão Sachcha. Posso afirmar, com tudo que já entendi a respeito da Missão Sachcha, que o fato de ter nascido no Brasil foi absolutamente fundamental e importante. Estou contribuindo com a Missão Sachcha em diversos segmentos da sociedade.

Estou fazendo articulação política, proponho a construção de uma nova economia e de um capitalismo mais humanizado e próspero para todos. Trabalhamos por uma nova educação, para forjar os alicerces de uma necessária renovação da sociedade. Esse é, obviamente, um dos aspectos da Missão Sachcha, pois sua tarefa maior é mudar nossa maneira de viver.

É preciso viver com mais amor e respeito. Criar uma Satya Yuga (Era da Verdade) dentro dessa Kali Yuga (Era da Ilusão e Sofrimento). Então, o Maharaj foi me buscar no Brasil porque ele já sabia quem eu era, que estava somente me preparando e me formando para continuar o trabalho da Missão. Isso é tão verdadeiro que ele apareceu para mim quando eu tinha ainda entre 13 e 14 anos de idade, numa primeira aula de Yoga que eu fiz. Quando ouvi um cântico devocional em sânscrito, uma voz falou de maneira bem clara dentro de mim: "Quando você fizer 33 anos, vá para a Índia, para Rishikesh." Nessa idade, eu não tinha como saber que era o Maharaj falando comigo. Não sabia nem o que era Índia e, menos ainda, Rishikesh. Mas já era ele, tanto que, às vésperas de eu vir para a Índia, com 32 anos, numa grande crise existencial, vi a figura dele na minha meditação, sem nunca ter vindo à Índia, sem nunca O ter visto pessoalmente ou em fotos, e ele apareceu para mim.

Esse é o trabalho do guru, o próprio Ser Supremo manifestado numa forma física, por compaixão. O guru se manifestou para mim através do Maharaj para poder me acordar e eu continuar o trabalho que já havia iniciado em vidas passadas.

O despertar do sonho cotidiano

Conversei com Prem Baba sobre a possibilidade de as pessoas acordarem para a realidade espiritual, mesmo estando engajadas no mundo. A Iluminação interior como uma coisa possível, mesmo se levando uma vida "normal" de trabalho e família.

Prem Baba, como você falou, no cristianismo, normalmente se espera que um santo seja alguém que renunciou desde criança ao mundo, que já tenha nascido com dons especiais. E, se a gente for olhar a história da Linhagem Sachcha, podemos comprovar que os gurus eram homens normais, com suas atribuições sociais e problemas cotidianos. Por exemplo, o Sacha Baba foi procurar o seu Guru Giri Nari Baba atrás de um emprego. O Maharaj, que era funcionário público e tinha família, por sua vez, encontrou com Sacha Baba porque teve uma baita dor de estômago e estava precisando de cura. E você, que era um terapeuta bem-sucedido, casado e com uma filha, encontrou o Maharaj no auge de uma grande crise existencial. Todos eram homens comuns,

com necessidades comuns. Da mesma maneira que essa transmissão, esse despertar, essa expansão espontânea da consciência aconteceu com homens comuns, você acredita que isso é capaz de acontecer com outros buscadores que vivem uma vida normal no mundo?

Com certeza! Eu acredito plenamente nisso! O Guru manifestado na Linhagem Sachcha usou os corpos do Giri Nari Baba, de Sacha Baba e o do Maharaj, que, por sua vez, utiliza o meu aparelho para fazer o seu jogo divino. O Guru diz que, neste tempo em que vivemos, é injusto com a sociedade o isolamento dentro de uma caverna na montanha. Numa sociedade que trabalha tanto, um homem iluminado não deve se negar a compartilhar o seu tesouro com as pessoas. O Guru nos inspira à ação no mundo prático para a sociedade encontrar o Dharma (ação correta) dentro do próprio carma (ação). Onde quer que se esteja, é o lugar para você chamar por Deus. E, se o chamado for sincero, Deus se manifestará. Não importa o lugar. É possível, sim, um homem comum, com afazeres mundanos, acordar, desde que faça esse chamado com devoção pela verdade.

O seu grupo espiritual, a Sangha, tem pessoas com habilidades diversas. E eu percebo que você não incentiva as pessoas a abandonarem tudo para seguir o caminho do Dharma, o caminho do conhecimento.

Não, muito pelo contrário! Eu inspiro as pessoas a ficarem onde elas estão, mas a realizarem uma mudança de consciência. Quando alguém se torna meditativo, tudo o que ele toca se torna meditativo. Se a pessoa se torna santa, santifica o ambiente onde está. Se ela acorda o amor, então, vai fazer do ambiente onde vive um campo de prece. Sinto que precisamos de uma mudança de consciência, não importa onde estejamos; essa é a necessidade deste momento. Houve um tempo em que os buscadores espirituais e os que tinham o destino de se santificar se recolhiam. Iam para uma montanha ou uma caverna para se isolar do mundo. São inúmeras as histórias, aqui na Índia, de pessoas que fizeram esse caminho. Ainda hoje, tem alguns escondidos em cavernas nas montanhas. Mas, no início do século XXI, num momento de globalização em que a tecnologia da comunicação está fazendo com que as coisas se acelerem numa velocidade vertiginosa, o comando espiritual é outro. Estamos atravessando o Parivartan, transição planetária e instrução dos seres iluminados, para que as pessoas fiquem nos mesmos lugares, mas acordadas. A cidade precisa de pessoas com amor, para manifestarem seus valores espirituais. Se todos se recolherem, o que vai sobrar para a sociedade? Se toda pessoa que começa a acordar se isola, vai para uma montanha ou para uma caverna, os grandes centros vão se tornar verdadeiros infernos. Não haverá possibilidade de mudança no mundo. Por compaixão, as pessoas que vão acordando devem ajudar a acordar mais gente, para realizar a obra de transição para uma nova era, de mais consciência e entendimento de quem realmente somos.

A descoberta do Guru interior

Questionei Prem Baba sobre as razões de ter percorrido tantos caminhos espirituais na sua jornada de buscador e se estabilizar como guru, um conceito da milenar cultura védica.

Prem Baba, você queria ser um guru?

Nunca pensei a respeito, nem me programei para isso. Na verdade, eu não me autodenomino guru. Embora seja verdade que sou um guru para alguns (risos), né? Mas, realmente, depois de ter trilhado tantos caminhos religiosos, espirituais, escolas de mistério, foi através do encontro com o meu Guru, com meu Mestre Espiritual, que eu me senti completamente preenchido. Quando você sente que chegou em casa e encontrou aquilo que tanto procurava, como ir embora? Fui ficando e tudo aconteceu num fluxo natural, porque eu estava encaixado, pertencendo, depois de encontrar o que procurava.

As instruções do Guru para a Missão

Enquanto escrevia estas páginas, em um pequeno hotel às margens do rio Alaknanda, nos Himalaias, recebi uma mensagem de voz de Prem Baba, que estava em um retiro de silêncio no Ashram Dhyan Mandir, próximo a Rishikesh.

Nelson, lembrei de você hoje, durante a minha meditação. Tem uma coisa que quero te contar sobre o que vivi com o Maharaj. Ele me formou num processo com início, meio e fim. Na etapa final dessa formação, o Maharaj foi até o meu salão de Satsangs de Rishikesh para deixar uma última mensagem aos meus devotos, em março de 2011. Ele afirmou ser a sua última comunicação e, de fato, percebi que ele estava se desligando, se preparando para ir embora. Depois disso, eu voltei para o Brasil e recebi um chamado do Maharaj, por meio do espírito, para retornar à Índia, no Gurupurnima, uma celebração que acontece em homenagem aos gurus na Índia, na Lua Cheia de julho. Então, o Maharaj me passou as suas últimas instruções para eu poder seguir com a Missão que ele me deu: de despertar outras pessoas. O Maharaj começou me dizendo que um novo santo traz uma nova mensagem. Depois passou um longo tempo me explicando os detalhes de como eu deveria lidar com os discípulos, fazer a transmissão do mantra e a iniciação. Coisas que ainda não tinha me dito. Poucos dias depois, o Maharaj foi para o salão no ashram e contou que o Sacha Baba tinha aparecido para ele e comunicado que o jogo havia terminado e que ele poderia descansar, porque já tinha aparecido uma pessoa para continuar a jornada. Em seguida, o Maharaj partiu do plano material.

O que está fluindo dentro de mim, enquanto te falo essas palavras, é a beleza e a perfeição da maestria do Guru. O Maharaj se incumbiu de me erguer e me fazer completo até o fim. Ele só foi embora depois que completou o trabalho comigo. Essa é a beleza do mistério de Deus.

A batalha para manter-se acordado

Quando Sidarta Gautama estava chegando à consciência suprema de Buda, que podemos chamar também de consciência crística, sofreu muitos ataques e tentações das forças das sombras. Isso também aconteceu com santos da cultura cristã. Santo Antão, por exemplo, enfrentou os seus demônios interiores por anos, numa caverna no deserto do Egito.

Trazendo para o momento atual, perguntei a Prem Baba se ele também foi assaltado por dúvidas quando teve o encontro com o Maharaj.

Prem Baba, esse processo foi doloroso para você conseguir se estabilizar?

Foram aproximadamente três anos de uma grande e intensa batalha, em que minha fé e meu amor foram severamente testados. Minha mente foi tomada por dúvidas e infinitas manifestações do Eu inferior, ou seja, forças contrárias tentando me segurar no inferno, no estado adormecido da consciência. Naquele momento, eu ainda não tinha conhecimento suficiente para interpretar o que estava se passando comigo. Depois, fui tendo acesso, à medida que a minha consciência se expandia, a ponto de perceber que minha mente queria me segurar no estado de adormecimento por apego ao sofrimento, à guerra, ao círculo vicioso do sadomasoquismo. É o apego que abre as portas para todas as forças contrárias, as dúvidas, as resistências, os ceticismos, que tentam roubar a cena da jornada espiritual. O sofrimento é uma entidade viva que se alimenta de sofrimento e gera emoções negativas para continuar vivendo. Eu percebi, então, que assim como tinha dentro de mim um buscador da verdade, que estava freneticamente lutando para a libertação do sofrimento, também havia outro dentro de mim, muito apegado ao sofrimento e aos jogos da natureza inferior. Até que reconheci a falsidade daquele que estava apegado aos jogos da natureza inferior. Eu era um "eu" que tinha sido criado a partir de referências externas, um produto da mente, não o Eu real. Mas consegui vencer a batalha para o Eu verdadeiro ganhar todo o espaço dentro de mim e me identifiquei com o meu Ser real.

A atuação do Guru no mundo

O planeta atravessa uma era de sofrimento que as escrituras védicas chamam de Kali Yuga. Decadência dos valores espirituais, confusões entre as pessoas, materialismo exacerbado, guerras, fome e padecimentos. Poucos possuem grande parte dos recursos do planeta e muitos estão destinados à miséria.

Indaguei a Prem Baba sobre qual o papel do guru nesse contexto tão complexo, e também se ele mesmo não temia ser julgado como um falso mestre ou um falso profeta, justamente por essa resistência e condicionamento mental que existe na maioria das pessoas comprometidas com esse caos.

Eu não penso a respeito disso. Sei que as forças contrárias estão mais intensificadas nesse ciclo da transição entre Eras. É natural que haja opositores ao trabalho do despertar do amor nesse mar de ódio. Nós estamos falando de acender uma luz na escuridão. Embora a escuridão não tenha existência própria, por ser apenas a ausência da luz, mas na medida em que ganhou autonomia e energia, quer continuar viva. Não quer se render à luz. Vai se debater para não desaparecer e manter o ódio gerado vivo. Então, é natural que haja julgamentos. Na verdade, o que existe é ignorância, uma falta de entendimento, e eu não me preocupo. Sigo fazendo o meu trabalho, com a convicção de que, se existe um remédio para este mundo, esse remédio é o amor. O amor é o solvente universal para todos os males. Sinto que é de amor que a humanidade precisa. Então, eu sigo irradiando esse amor, mesmo que alguns não compreendam e julguem. Mesmo que até possam achar que existe algo de errado com isso que eu estou propondo (risos).

Reparando as relações para acordar

Um dos questionamentos mais comuns para o caminho espiritual é a necessidade que as pessoas têm de sobrevivência. Acham que uma coisa impossibilita a outra. Assim, ficam restritas a uma religiosidade superficial para não sentirem culpa em relação ao afastamento de Deus e não têm coragem de mergulhar, mais profundamente, no conhecimento do Ser Supremo.

Então, perguntei a Prem Baba:

A desculpa do homem comum para não se aprofundar na espiritualidade é que trabalha, tem família. Num momento tem dinheiro e no outro não tem, sofre de doenças e precisa comprar um remédio caro, o carro quebra. Ele vive num estado que a cultura védica chama de Maha Maya (a grande ilusão). Está num jogo confuso, o tempo todo sendo cobrado e induzido à tensão, à ansiedade, ao estresse. Como um homem ou uma mulher comum poderá despertar o amor nessas condições?

Começando pelo seu relacionamento íntimo e, a partir daí, acordando o amor na sua própria família para depois irradiá-lo.

Considero que os relacionamentos íntimos, afetivos, sexuais, familiares, são os principais instrumentos de aferição para a pessoa poder localizar em que estado de evolução está em sua vida. Assim, é possível se autodiagnosticar e perceber em que ponto está nessa jornada de autotransformação. Ao mesmo tempo, a percepção e a disposição de iluminar os relacionamentos são as principais ferramentas para despertar o amor. Todo ser humano carrega um impulso para encontrar a felicidade, um desejo de ser feliz, de amar e ser amado e de estar em paz. O início do processo para alcançar um estágio mais luminoso e pacífico da existência é por meio das relações. A pessoa se dá conta daquilo que está faltando e que precisa ser melhorado. O processo de despertar o amor começa nas relações mais próximas de cada um, para depois poder se expandir.

É preciso reparar as relações. Curar as feridas criadas pelos desentendimentos, pelo ódio e pela dúvida. Quanto maior o vínculo afetivo, maior poder terá essa relação de acordar o amor dentro de nós. Quando falamos em acordar, estamos nos referindo a remover as capas de ódio e de medo que encobrem o amor. O amor é a fragrância do verdadeiro Ser que nos habita, de quem realmente somos. Já nascemos amando, mas ao longo do tempo aprendemos a odiar e a ter medo. Essas capas encobrem a realidade maior de quem somos. Então, por meio da reparação dessas relações, vamos conseguindo remover essas capas de sofrimento, e o amor brota naturalmente, acorda dentro de nós.

Uma extensão importante das nossas relações, principalmente no Ocidente, é o trabalho. Prem Baba, você acredita

que se a pessoa conseguir restabelecer uma nova relação dentro do seu núcleo básico familiar, poderá melhorar também as suas relações no ambiente de trabalho, nas corporações, nas empresas?

Exatamente! Essa é a estratégia que estou utilizando, porque é uma possibilidade, inclusive, de elevar o nível de consciência nas corporações. Uma pessoa que expande a consciência escapa do nível básico de medo da sobrevivência. Assim, evoluirá naturalmente na empresa em que trabalha.

É preciso que as corporações se organizem além de uma consciência restritiva à sobrevivência. Na maioria delas, não há respeito de um funcionário pelo outro, não há o mínimo de gentileza nem de amor. Utilizam o medo da escassez de pessoas para promover uma competitividade destrutiva. É uma exploração humana, praticamente um trabalho escravo, mas, à medida que a pessoa expande a consciência, vai querendo também trabalhar num lugar que espelhe esses valores elevados.

Espero, realmente, que essa evolução aconteça em todos os níveis. Estou convicto de que, a partir dessa ressignificação das relações íntimas, poderemos mudar as bases da nossa sociedade. Dar um novo significado às corporações, à vida em comunidade. A pessoa começa a perceber que não está aqui só para ganhar dinheiro, para comer e sobreviver. Existe um Propósito maior no fato de cada um ter nascido, algo maior por trás da ação no mundo.

O Propósito é o outro pilar fundamental da existência humana. É o trabalho no mundo que faz a pessoa sentir que pertence ao elo de uma cadeia produtiva e útil aos seus semelhantes. Então, os dois pontos principais que possibilitam o salto quântico na vida espiritual são as relações familiares e trabalhistas. Se existe equilíbrio na vida afetiva e familiar, se o amor acorda em todas as relações, a pessoa tem acesso à consciência do Propósito da existência. Assim, o caminho de despertar o amor estará pavimentado em direção ao templo do coração.

O jogo divino guru-discípulo

Essa história de que se conhece um mestre pelo comportamento dos seus discípulos é um engano. Não é fácil assimilar os conhecimentos recebidos de um mestre e transformá-los em ações práticas de vida. Na realidade, existem muitos enganos sobre essa relação. Não é qualquer pessoa que se torna um discípulo verdadeiro. Muitos buscadores que dizem estar em sintonia com o seu mestre espiritual podem estar usando máscaras para atender a uma conveniência momentânea e enganando a si e aos outros.

Um exemplo de fácil percepção dos enganos que podem ocorrer nessa relação mestre-discípulo no Ocidente é o dos cristãos. O Mestre Jesus Cristo ensinou o amor e o perdão, mas, dos milhões de cristãos que existem no mundo, quantos realmente colocam em prática esses ensinamentos? Perdoar setenta vezes sete? Virar a face depois de uma bofetada? Amar os seus inimigos?

O fato de existirem pessoas que se dizem cristãs e ainda assim cometem atrocidades, como matar, roubar e enganar, não é um parâmetro para julgar os ensinamentos de Jesus Cristo. Ele é um Mestre verdadeiro, que deu aos seus discípulos, de todos os tempos e lugares, um conhecimento profundo e luminoso sobre o amor e o perdão. O fato de esses ensinamentos não terem sido assimilados e praticados não o transforma em um falso Mestre.

Assim acontece com muitos mestres no mundo. Ensinam aos seus discípulos o caminho para a realização espiritual, mas são poucos os capazes de colocar em prática o aprendizado. Para essa relação guru-discípulo se tornar divina é preciso que os dois se tornem Um. Isso só acontece depois que o jogo entre eles for realizado na sua totalidade, ou seja, depois que o discípulo abre o seu interior para ser preenchido completamente pelo mestre.

O papel do discípulo

O Jogo Espiritual transcende o ego. Cada um tem uma função de acordo com o seu momento evolutivo. Não é preciso pressa para chegar a lugar nenhum, já que temos toda a eternidade à nossa disposição. Nas muitas conversas que tive com Prem Baba, percebi que ora se manifestava como um mestre e ora como um discípulo. Aliás, é o amor de devoto ao seu Guru Maharaj que lhe permite ter a segurança e a certeza para realizar a Missão recebida da Linhagem Sachcha. Essa aliança mestre-discípulo é irrompível, nem mesmo as sombras da morte podem afetá-la.

Lembro-me de um vídeo feito nos três dias de processo de desencarne de Osho. "A morte de um mestre é um grande evento para os seus discípulos. Deixo para vocês o meu sonho", disse Osho. O sonho significa a continuidade da missão de um mestre realizado, que é o despertar espiritual dos seus discípulos do sono da ilusão. Não é uma questão de seguidores ou "seguidos", isso é coisa do ego e do jogo de aparências. O verdadeiro entendimento capaz de acordar o amor que existe dentro de cada um é muito mais profundo.

Prem Baba me contou como foi a sua relação de discípulo com o seu Guru Maharaj:

Quando cheguei ao Maharaj, eu acreditava que tinha uma noção do que era ser discípulo, mas, depois que recebi a iniciação, notei que não sabia nada. Só aos poucos fui descobrindo a verdadeira natureza da minha relação com o Maharaj. Descobri que o verdadeiro discípulo é aquele que se entrega e se esvazia completamente a ponto de ser realmente preenchido pelo mestre. O discípulo está a serviço do mestre. O meu trabalho é servir o Maharaj: se ele precisa de água, aqui está a água; se precisar que eu varra a casa, eu vou varrer; se precisar que eu vá atrás de dinheiro, eu irei. Ele precisa do que, para realizar sua Missão? Esse é o meu trabalho. Assim, me esvazio de todos os meus problemas, porque todos os problemas são dele (risos). Eu simplesmente o sirvo. Aqui no Ocidente isso é uma questão delicada, porque as pessoas compreendem como submissão, como uma fé cega, aproveitamento, exploração. E, na verdade, é o contrário. Quem se tornou discípulo de verdade quer que o mestre possa pedir para ele alguma coisa.

Eu dizia: "Por favor, Maharaj, como eu posso te servir?" Eu ficava muito feliz quando ele me pedia alguma coisa.

Tem uma história interessante para ilustrar o que estou dizendo. Havia um homem que queria se iniciar no caminho espiritual e foi até um mestre. Disse que tinha recebido um chamado e queria se transformar num discípulo, mas antes queria saber como as coisas funcionavam. Queria saber qual era o papel do discípulo e qual o do mestre. Então, o mestre explicou que o discípulo acorda cedo e vai colher lenha, fazer o fogo, preparar comida e, depois, vai varrer a casa e buscar água. O homem perguntou: "E o papel do mestre, qual é?" "Fico aqui sentado olhando e te instruindo para ir pra cá ou acolá." Então, o sujeito disse: "Então eu quero logo ser mestre (risos)." É uma brincadeira, mas, para ser um mestre, primeiro é preciso ser discípulo. Primeiro se deve servir, aprender a se esvaziar para, então, poder ser preenchido pela graça, a ponto de se tornar mestre também. O discípulo é aquele que está rendido e entregue ao serviço do mestre.

Então perguntei a Prem Baba:

Alguns discípulos conseguem se esvaziar, desocupar o aparelho para receber e realizar o mestre, o que, na verdade, significa realizar a si mesmos. Mas alguns seguem uma onda de modismo. Como você entende isso?

Claro que há alguns que são inconscientes a respeito do processo. Na verdade, esses não são discípulos, mas imitadores. Pessoas que ainda estão à procura de se tornar discípulos, mas ainda não sabem, porque estão adormecidos. Esses, como diz o ditado no Brasil, são maria vai com as outras. Acompanham o mestre, mas não sabem o que estão fazendo. Isso é perigoso pra eles mesmos, e vão dar um trabalho a mais para o mestre. Essas pessoas vão cobrar do mestre o fato de estarem usando seu tempo pra um pseudosserviço. Não estão entregues de verdade, mas fazendo com algum interesse, para receber atenção, amor, ou qualquer coisa que venha do mestre. Então, quando não têm suas expectativas atendidas, vem a cobrança e a revolta. Na verdade, pessoas assim estão projetando um conteúdo psicológico no mestre. Ainda não são discípulos. Podem estar no caminho, mas não são. Para o buscador se tornar um discípulo é preciso que tenha ressaltadas duas qualidades essenciais: obediência e lealdade.

Observando os discípulos de outros mestres que têm te procurado, sinto que o elemento principal da busca é o Guru Vivo. São pessoas vindas de outras tradições védicas e ocidentais. Como você está entendendo e recebendo essas pessoas?

Nesse caminho da autorrealização, há situações em que a conexão com um mestre não foi completamente realizada. O mestre ainda não transferiu ao discípulo tudo aquilo que poderia transferir. Nisso, o mestre deixa o corpo (morre). O discípulo precisa, então, encontrar outro mestre vivo. O mestre espiritual autêntico deixa isso claro ao discípulo: se ele tiver ido embora e o discípulo estiver se sentindo incompleto, vai precisar encontrar outro mestre vivo para continuar o trabalho dele. O mestre é Um, Deus é Um, e se manifesta de diversas maneiras diferentes, de acordo com a necessidade. Quando a conexão é bem-estabelecida e o mestre conseguiu transferir tudo que era necessário, o mestre vai embora e ele continua seguindo sua jornada. Completou o jogo e não tem problema. Mas, se não completou, precisará de outro mestre vivo, porque tem coisas que só podem ser transmitidas por meio da presença física. Existem coisas que não podem ser transferidas pelo espiritual, precisam acontecer por meio de um corpo físico.

Um dia, meditando na pirâmide do Mestre Raimundo Irineu Serra (templo de Mahasamadhi), em Rio Branco, recebi uma mensagem pelo meu canal mediúnico que dizia o seguinte: "O mestre tem muitos rostos, fala diversos idiomas, vem de muitas religiões, mas sempre é o mesmo mestre que está dentro de você." Gostaria que você comentasse.

O mestre é Um. Ele se manifesta de maneiras diferentes de acordo com cada grupo de almas, época e cultura, mas sempre é o mesmo mestre. Tem vários rostos, fala vários idiomas, tem várias religiões, mas é o mesmo mestre que está dentro de nós. Um mestre encarnado é uma representação do nosso Eu interior mais profundo. Tanto que aquilo que o guru fala vai direto para o coração do discípulo, e nunca é diferente daquilo que ele já está intuindo. Aquilo que o mestre fala e a intuição do discípulo são a mesma coisa, porque essa é a voz de Deus.

Sankalpa: o Propósito maior

Para entender como um guru pode ajudar na jornada de um buscador, é preciso esclarecer o conceito de Sankalpa. Em uma tradução literal do sânscrito, *Sankalpa* significa, ao mesmo tempo, o Propósito da existência e a intenção de alcançá-lo. É uma chave importante para o entendimento dos estudantes (sadhakas) do caminho espiritual. Sankalpa identifica o objetivo a ser alcançado e firma o compromisso (a intenção) de realizar através das práticas (sadhanas) o Propósito maior da existência.

Meditar em Sankalpa é buscar a verdade da vida e se comprometer com as transformações necessárias para alcançar o Objetivo Supremo. O guru pode revelar ao devoto a sua Sankalpa e, com seu toque divino, ajudá-lo a alcançá-la ainda encarnado. Através da Sankalpa acontece a alquimia que funde guru e discípulo em uma coisa só. A intenção firme de alcançar o seu Propósito maior liberta o buscador do emaranhado de pensamentos ilusórios criados pela mente para mantê-lo preso ao jogo da morte e do sofrimento.

Na Linhagem Sachcha, o Guru Sacha Baba, por via mediúnica, contemplou os aspectos mais relevantes da Sankalpa, em forma de uma oração para o despertar de todos os seres à realização do Ser divino. O Guru recebeu as instruções para traçar os propósitos da Missão Sachcha no planeta, através de visões e *insights* intuitivos, transformados em um apelo a Deus. Sacha Baba estabeleceu os cinco passos fundamentais para os discípulos de Sachcha realizarem a Sankalpa:

1) Descobrir o Ser Supremo interior para banhar-se na luz da sabedoria e da devoção.
2) Remover as tendências negativas criadas pela mente.
3) Meditar num dos aspectos femininos de Deus, na forma de Lakshimi Annapurna, para atrair a prosperidade e abundância para a vida.
4) Atuar de maneira prática no sentido de trazer a harmonia para as sociedades humanas.
5) Libertar-se do sofrimento meditando no jogo da alegria.

Prem Baba destaca um dos pontos da Sankalpa de Sacha Baba como fundamental para a superação de obstáculos que impedem a evolução dos discípulos.

Nós temos rezado diariamente o Sankalpa da Linhagem Sachcha que, no segundo parágrafo, diz: "Remova o véu das tendências maldosas." Mas há que se compreender que esse véu só poderá ser removido quando você deixar de temer o mal. E você somente deixa de temer o mal quando o compreende. Você tem medo porque não o conhece. Então, a sua mente inventa a história e faz você acreditar que existe um "monstro de sete cabeças". Mas o bicho, na verdade, nem é tão feio assim e, às vezes, você até consegue ver uma beleza no "monstrinho". Porém, enquanto negar, você será aterrorizado por ele. O remédio para a cura do medo chama-se autoconhecimento. O medo é somente um sintoma da ignorância.

Maharaj, o Guru de Prem Baba, descreveu no seu livro *The Teachings of Sachcha Baba* como é fundamental o conhecimento da Sankalpa para a relação guru-discípulo tornar-se eficiente. Na Sankalpa em forma de oração pede-se sabedoria para o indivíduo, para a sociedade e para o mundo inteiro. Maharaj escreveu:

"Nós só podemos ter fé absoluta em uma pessoa, se soubermos tudo sobre ela. Se nos conectarmos sem conhecê-la, nossa conexão será fraca. Seria como atirar uma flecha no escuro. Para distinguir e localizar o alvo, é necessário poder vê-lo. Somente após enxergarmos o alvo claramente podemos atirar a flecha. Da mesma forma, sem sermos capazes de ver e compreender uma pessoa, não podemos confiar nela nem sermos gratos.

"Então, sem conhecimento, não podemos ser devotos. O significado de devoção é ter amor, fé e confiança em alguém. O devoto tem amor pleno e confiança. Ele tem fé plena porque está conectado a Deus. Mas, para essa conexão se realizar, o conhecimento é uma condição necessária.

"Um ser humano não é competente para adquirir esse conhecimento sozinho. Como um mortal, enquanto estiver preso às suas muitas limitações, não poderá atingir a divindade. Entretanto, a sua transformação torna-se possível pela Graça de Deus, através dos ensinamentos de um guru. Está escrito na Sankalpa recebida por Sacha Baba: 'Ó misericordioso Senhor, revele-se e nos dê a Luz da Devoção. Vós sois o nosso apoio e a própria sabedoria. Se desejardes, podes vir até mim, porque sois Todo-Poderoso. Para mim existem

muitos obstáculos para alcançá-Lo. Enquanto eu posso levar até dez milhões de vidas e, assim mesmo, não ter certeza de alcançá-lo, Vós podeis me alcançar em apenas um minuto. Por isso, tende piedade de mim, sede generoso comigo. Tudo é possível para Vós, a compaixão é o seu destino, a bondade é a sua natureza, então, o meu pedido é que venhas a mim!'

"Uma forma de remover a escuridão é trazer a luz. A escuridão não tem existência própria, ela é a ausência da luz. Quando não há luz, há escuridão. Se você traz a luz, a escuridão desaparece por si só. Se você quiser remover a escuridão sem trazer a luz, não será possível, porque a escuridão é inexistente. Como ela não existe, não há dúvida acerca do seu fim. O significado da sua remoção é a instauração de algo existente. A luz é uma verdade existente, é um poder auto-existente. Se essa luz vier a iluminar a nossa vida, a escuridão desaparecerá. Sem a vinda da luz, sem sabedoria, é impossível transformar a escuridão e a ignorância. A escuridão da vida humana não é nada mais que a ignorância, que não pode ser extinta sem o conhecimento."

2. SACHCHA: UMA LINHAGEM DE HOMENS COMUNS EM BUSCA DA VERDADE SUPREMA

A Linhagem de Gurus Sachchas, segundo a tradição, descende de Narada, devoto do Deus hindu Vishnu. Ele foi considerado pelos indianos o primeiro jornalista do planeta porque, há milênios, na Dawapara Yuga (Era em que foram produzidas as escrituras sagradas dos Vedas), Narada era uma espécie de mensageiro entre os homens e os deuses. Trazia informações da Corte Celestial das divindades para orientar as pessoas em suas sadhanas (práticas) espirituais. Inclusive, Narada foi um dos conselheiros e inspirador do sábio Vyasa, que escreveu a maior obra épica literária e base da cultura indiana, o Mahabaratha.

Existe uma narrativa em que o grande sábio Vyasa não estava satisfeito com seus escritos destinados ao bem da humanidade. Ele estava convencido de que havia ainda mais um trabalho a ser realizado. Preocupado, meditava às margens do rio Saraswati quando Narada chegou.

Narada sabia o que estava preocupando o sábio Vyasa. Então disse:

Grande sábio, você tem feito muito para o bem-estar da humanidade, e ainda assim não está satisfeito, porque nenhum de seus escritos descreve completamente a glória do Senhor Narayana [uma das formas de Vishnu]. Na Kali Yuga [Era atual], as pessoas não viverão tanto tempo como agora e terão dificuldades para adquirir conhecimento espiritual. A saída para se libertarem da escravidão da mente nessa Era de Escuridão será através do Caminho da Bhakti ou Devoção.

Vyasa foi aconselhado por Narada a escrever um livro capaz de revelar a importância da devoção para acordar o amor em todos. Disse Narada:

Só então você vai encontrar a paz. As palavras não descrevem a influência onipresente dos homens bons e sua devoção a Deus. Eu já fui um homem muito comum. Mas hoje sou reverenciado como Santo Narada e devo isso inteiramente à companhia dos grandes homens e à devoção que tenho a Deus.

No diálogo entre Narada e Vyasa, é possível identificar as bases da Linhagem Sachcha. Ele próprio se diz um homem comum, que, segundo a tradição, teve 60 esposas. Mas, por meio de sua devoção a Vishnu, alcançou a consciência suprema e tornou-se um santo reverenciado. Milhares de anos atrás, já demonstrava preocupação de maneira profética com o destino da humanidade nos tempos atuais. Narada indica como único remédio para curar o sofrimento e o adormecimento espiritual a devoção, capaz de acordar o amor de cada um.

A manifestação do Divino entre nós

No mundo contemporâneo, a Linhagem Sachcha teve como seu primeiro Guru Giri Nari Baba, descendente direto de Narada. As escrituras calculam que ele viveu 400 anos. Contam que Giri Nari Baba, em sua décima terceira encarnação, depois de viver muito tempo e estar com seu corpo desgastado, tomou emprestado outro, de um jovem estudante que havia morrido e flutuava no Ganges. Quando ele fez isso, se deu conta de que o corpo era de um santo sufi que morava em uma vila próxima. Giri Nari Baba foi então até o local onde o falecido morou e ficou andando por quatro dias, mas ninguém o reconheceu. Então, permaneceu naquele corpo.

Segundo as narrativas, Giri Nari Baba era um homem muito ativo. Apesar de se encontrar em um estado permanente de consciência suprema, participava dos movimentos sociais de sua época. Foi reverenciado pelos maiores reis, marajás e políticos de seu tempo. De maneira sutil, ajudou na luta pela independência da Índia. Ele teve compaixão pela humanidade e desceu ao plano material para trabalhar pela elevação da Criação.

A tradição afirma que Giri Nari Baba é imortal, pode estar em todos os lugares ao mesmo tempo e tem conhecimentos das 43 kalpas (espaço amplo de tempo. Cada kalpa abriga quatro Eras ou Yugas). Ele é o criador, no plano espiritual, do Comitê de Transformação Supramental (ir além do limite material da mente) para inspirar as ações transformadoras do Universo. Por meio de sua onipotência e onipresença, Giri

Nari Baba atua na forma de energia, que está constantemente trabalhando para o despertar da consciência amorosa da humanidade. Ele ensinava que toda a prakti (matéria) é plena de energia espiritual, que pode ser despertada e direcionada para uma nova vida.

O Mahasamadhi (desprendimento do corpo físico) de Giri Nari Baba, em sua última encarnação, aconteceu no Ashram Sachcha, em Varanasi, em 1944. Transmitiu o seu poder para o devoto Sri Sacha Baba Kulanandaji Maharaj, que cuidou dele durante seus últimos anos encarnado.

Um Guru polêmico entre a destruição e a salvação do mundo

Paralelamente à história de Giri Nari Baba, na mesma época, havia a atuação de outro Guru poderoso, Katcha Baba. Como uma encarnação de Narada, Giri Nari Baba desejava criar a Satya Yuga (Era da Verdade) dentro da Kali Yuga (Era das Trevas). Mas havia um obstáculo em seu caminho. Ele foi avisado pelos seres supremos que teria que pedir permissão a Katcha Baba, considerado uma encarnação de Vishnu, senhor dessa Era de Caos no planeta.

Katcha Baba havia permitido que seu ashram crescesse sem nenhuma das regras de conduta dhármica (ação correta). Permitia o sexo, a bebida alcóolica e o não vegetarianismo. Para Katcha Baba, tudo isso era normal em tempos sombrios de Kali Yuga. Chegou a projetar como centros de devassidão

Londres e Kashi (o nome antigo de Varanasi), lugar considerado uma porta de Iluminação para os hindus.

Há narrativas que afirmam que Katcha Baba pode ter sido, por um tempo de sua vida, um sadhu aghori, uma Linhagem espiritual shivaísta, ao mesmo tempo das mais temidas e admiradas na Índia. Seus seguidores meditam em campos de cremação de cadáveres, ingerem bebida alcóolica e realizam rituais de sexo. Por outro lado, possuem enorme poder de curar as pessoas e de realizar outros prodígios para ajudar quem necessita. Mas não existe nenhuma comprovação dessa etapa da sua vida entre os aghoris. O certo é que Katcha Baba aparece entre os santos mais tradicionais e conhecidos da Índia, como Sai Baba de Shirdi, Nityananda, entre outros.

Alguns diziam que Katcha Baba desejava destruir o mundo em decadência para ver nascer outro, com valores puros e elevados. Havia os que acreditavam que a indiferença de Katcha Baba aos excessos era para que as trevas se esgotassem naturalmente, para a luz de um novo tempo indicar outro caminho à humanidade. Portanto, Katcha Baba não agia para intervir num processo que estava profetizado nas escrituras védicas como a Kali Yuga.

Pode parecer contraditório, mas Katcha Baba, na realidade, tinha grande compaixão pela humanidade. Como não havia saída para a ignorância que se instalou entre os homens e mulheres na Kali Yuga, desejava que essa época acabasse logo, por meio da autodestruição. Katcha Baba queria minimizar o sofrimento das pessoas provocando uma transformação mais rápida no tempo. Chegava a cantar mantras poderosos para acelerar a dissolução do mundo.

Giri Nari Baba se encontrou com Katcha Baba em Kashi. Pediu sua autorização e ajuda para elevar a humanidade vivendo em tempos sombrios. Katcha Baba não concordou. Alegou que o comportamento desregrado e a ignorância dos homens faziam parte de um plano divino. A Kali Yuga deveria seguir até se autodestruir em seus próprios desígnios. Para Katcha Baba, ainda não era a hora da Satya Yuga (a Idade Dourada) se manifestar no mundo.

Na verdade, tanto Giri Nari Baba quanto Katcha Baba tinham a mesma intenção de salvar o mundo. É como se Kali Yuga fosse um dente infeccionado na boca da humanidade. Katcha Baba queria arrancá-lo logo para acabar com a dor e deixar a gengiva livre para o nascimento de outro dente naquele lugar. Enquanto isso, Giri Nari Baba desejava tratar gradualmente a infecção para curar o dente.

Giri Nari Baba argumentou que, em todas as eras, a prakti (matéria) poderia se transformar e permitir a Iluminação dos seres humanos. Assim era mais apropriado para os santos lutarem por essa elevação. Então, depois de muita persuasão, Katcha Baba concordou que essa postura era realmente mais correta, mas que as pessoas tinham perdido o Dharma e a verdade e não conseguiriam mais se iluminar. Giri Nari Baba afirmou que faria o mundo se elevar novamente pela graça divina e por seu esforço.

Katcha Baba respondeu que só aceitaria as argumentações de Giri Nari Baba se ele passasse por uma série de testes para provar o seu poder de transformação. Giri Nari Baba atravessou todas as provações de Katcha Baba, comprovando a força de sua energia divina regeneradora. Katcha Baba ficou satisfeito e deu autoridade a Giri Nari Baba de transformar aquele período de tempo (Kali Yuga) de acordo com o seu desejo. Permitiu que o Guru Sachcha abrisse uma porta para a Iluminação aos seres humanos. Katcha Baba recomendou aos seus discípulos que seguissem a orientação de Giri Nari Baba, em quem reconheceu um verdadeiro santo Sachcha, depois que ele mesmo abandonasse o corpo.

Concluído o ciclo de convencimento para que mudasse o fluxo de sua energia em favor da elevação espiritual humana, Katcha Baba fez uma profecia. Afirmou que, dentro de oito dias, um de seus devotos iria enlouquecer e atirar uma pedra em sua cabeça. Então, Katcha Baba orientou:

O sangue vai manchar minhas roupas, e não repreendam esse devoto. Ele deve ser perdoado, porque é dessa forma que devo deixar este mundo. Enterrem meu corpo físico em Jalupur, onde ficarei em estado supramental. Minhas roupas ensanguentadas serão enterradas no Ganga Varuna Sangham (Ashram Sachcha), em Kashi. Permanecerei em forma de energia para ajudar Giri Nari Baba a cumprir sua Missão de acordar a humanidade do sonho ilusório de Maya.

Tudo aconteceu conforme a profecia. Katcha Baba ensinava aos seus discípulos, no campo, embaixo de uma árvore, quando recebeu a pedrada na cabeça de um devoto e abandonou seu corpo físico. Sua energia divina migrou imediatamente para Giri Nari Baba continuar a Missão de acordar a humanidade para a realização do Ser Supremo.

Uma luz para dissipar a escuridão

A Linhagem Sachcha conheceu em Sri Sacha Baba Kulanandaji Maharaj um dos seus gurus mais luminosos. Segundo a tradição, Sacha Baba, como ficou conhecido, é a encarnação da Suprema Mente de Deus, que se materializou para guiar a humanidade a uma nova forma de viver, em plena Era de Caos e Sofrimento.

Ele nasceu no Janmastami, data em que se celebra o nascimento do Senhor Krishna, entre julho e agosto de 1914, em uma aldeia chamada Gaura, em Baurani, no estado indiano de Bihar. Contam que o sagrado rio Ganges (Ganga) corre a mais de 10 quilômetros de distância da aldeia onde Sacha Baba nasceu. Mas, naquele ano, suas águas inundaram o lugar, que continuou subindo até tocar o degrau mais alto da casa onde o recém-nascido Kulanandaji estava. Como o bebê havia nascido no Dia do Janmastami, alguém sugeriu levá-lo para fora de casa para tocar com seus pés as águas da Ganga para abençoá-la e fazê-la voltar ao seu curso natural. Isso foi feito, e as águas começaram a retroceder. Segundo o registro das crônicas daquela época, as águas da Ganga nunca subiram tão alto a ponto de inundar a aldeia.

Em 1936, Kulanandaji, com 22 anos, precisava ajudar sua família, que passava por dificuldades financeiras. O jovem então procurou Giri Nari Baba, com a intenção de conseguir um emprego no ashram, comandado por ele em Varanasi. O Guru disse que, se Kulanandaji ficasse com ele, nunca lhe faltariam recursos para viver. Kulanandaji tornou-se o discípulo mais ardente e o devoto mais verdadeiro de Giri Nari Baba. Pouco tempo depois, com a graça do Guru, alcançou a consciência suprema e se iluminou.

Giri Nari Baba deu a Sacha Baba autoridade para atuar no mundo e despertar a consciência supramental nas pessoas que encontrasse. Giri Nari Baba profetizou: "Eu fiz Sri Kulananda Ji (Sacha Baba) elevar-se para fazer o mundo inteiro feliz." Sacha Baba recebeu a missão de trabalhar para realizar o processo de transformação da humanidade em direção à consciência divina. Ele foi considerado a encarnação da verdade, do amor e da compaixão. Atuava no Sahasrara Chakra (no topo da cabeça) para iluminar todos que o procuravam.

Quando o Guru de Sacha Baba, Giri Nari Baba, abandonou seu corpo físico, em 1944, todos os seus discípulos foram embora. Mas Sacha Baba permaneceu em Varanasi, em luto pelo Mahasamadhi do seu mestre. Uma tristeza o invadiu profundamente. Sacha Baba se perguntava para onde a energia amorosa de seu amado Guru teria ido. Então, ele ouviu uma voz divina que dizia: "Vá para o estado de Uttarakhand." Sacha Baba foi para lá e viveu em uma caverna nos Himalaias por dois anos. Ele teve uma visão que o fez vagar por outros sete anos, vivendo a experiência de sempre ter todas as suas necessidades providas por Deus.

Ao final desse período, Sacha Baba foi para o Templo de Jagannatha, em Puri, onde recebeu o mantra "Prabhu Aap Jago" e a mensagem para fundar o Ashram Sant Sri Sachcha, na cidade de Allahabad, em frente ao Sangham (encontro) dos rios

Saraswati, Ganga e Yamuna, o que aconteceu em 1953. Sacha Baba deixou seu corpo físico no dia 6 de setembro de 1983.

A chave do despertar

Talvez a maior herança espiritual deixada por Sacha Baba tenha sido o mantra "Prabhu Aap Jago", uma oração para despertar o amor divino e desinteressado dentro de cada um e em todos os lugares. A Missão Sachcha tem nessas palavras a chave para alcançar sua meta. Prabhu Aap Jago, Paramatman Jago, Mere Sarve Jago, Sarvatra Jago. Depois, um discípulo de Sacha Baba, com sua autorização, acrescentou o verso: Sukanta Ka Khel Prakash Karo.

Assisti ao Satsang de Prem Baba durante o Festival Internacional de Yoga, em 2016, no Paramatman Niketan Asharam, em Rishikesh, em que o Guru falou sobre o poder desse mantra.

PRABHU AAP JAGO, PARAMATMAN JAGO, MERE SARVE JAGO, SARVATRA JAGO, SUKANTA KA KHEL PRAKASH KARO

(Deus — e por Deus compreendemos amor puro e desinteressado. Acorde! Acorde em mim, acorde em todos e em todos os lugares! Ilumine o jogo da bem-aventurança.)

São palavras muito simples, mas quando você as pronuncia com intencionalidade e coloca o seu coração ao dizê-las, se transformam em uma oração de grande poder.

Não quero que você acredite no que estou dizendo. Peço que experimente e se permita viver essa oração. Repita essas

palavras com o seu coração, com honestidade, com sinceridade. Procure dizer com todas as forças do seu coração: Acorde! Acorde! Acorde em mim! Acorde em todos e em todos os lugares! Ilumine o jogo da bem-aventurança.

Se você pode estar inteiro ao fazer essa oração, imediatamente verá o véu da dualidade se dissolver e vai saborear o silêncio e a verdade. A verdade de que somos um fragmento do Supremo, como um raio do Sol. Você experimentará aquilo dentro de nós que não se divide, que é eterno, a última meta que buscamos alcançar.

Maharaj: o Grande Rei da Espiritualidade

Em sânscrito, *Maharaj* significa Grande Rei. Mas a qual a majestade de alguém dedicado totalmente ao conhecimento do Ser? Posso garantir que ultrapassa o poder de qualquer rei que tenha um império em ouro e riquezas materiais. Dominar o sentido da existência e se integrar ao Universo além da dualidade é alcançar o mais alto Propósito de uma encarnação. É se tornar Um com o Universo e desvendar todo o mistério que cerca a vida e a morte. É o poder da riqueza eterna da sabedoria que não envelhece em cofres e transcende o corpo.

Quase todos os gurus da Linhagem Sachcha receberam o título de Maharaj. Mas um deles se tornou o próprio Rei da Espiritualidade (Maharaj). Sri Hans Raj Maharaj era um funcionário público, tinha família, com esposa e três filhos.

Desde a infância tinha visões dos deuses e deusas hindus. Era um homem comum que lutava para manter sua família, vivendo no mundo cotidiano.

Mas uma enfermidade o agoniava. Tinha recorrentes e constantes dores fortíssimas no estômago. Um dia, um Swami (Sacerdote Védico) o aconselhou a procurar Sacha Baba, no Ashram Sant Sri Sachcha, em Allahabad, que poderia ajudá-lo a curar o grave problema. No dia 2 de outubro de 1955, ele visitou Sacha Baba e, após realizar uma cerimônia do fogo, teve uma visão do Senhor Krishna como um bebê. Sri Hans Raj Maharaj foi curado e atirou-se aos pés de Sacha Baba. Atingiu a Iluminação naquele mesmo dia. Até 1964, viveu uma vida doméstica. Quando seu filho fez 18 anos, deixou sua família e seu emprego e tornou-se um sadhu (uma pessoa que abandona todas as posses materiais para se dedicar à meditação e à devoção).

Seu Guru Sacha Baba mandou-o viajar pela Índia, realizando Satsangs (palestras sobre a Verdade). Em 1976, recebeu a orientação de Sacha Baba para construir, com a ajuda de alguns discípulos, o Ashram Sachcha Dham, em Rishikesh.

Sri Hans Raj Maharaj, que ficou conhecido apenas como Maharaj, passou a morar no ashram até o final de sua vida corporal, em 2011. Recebia peregrinos de toda a Índia no seu ashram, que tinha todos os recursos materiais, abrigo para dormir e comida, para realizar as suas devoções. Também chegaram alguns estrangeiros, que, por meio do conhecimento e da graça de Maharaj, se integraram à Missão Sachcha de despertar a humanidade do sonho de Maya (Ilusão) e elevar a consciência conforme o desejo de Santo Narada. Entre eles, um brasileiro, buscador espiritual de muitos caminhos, Janderson Fernandes, que se tornou um de seus mais fiéis devotos e recebeu o nome, depois da graça de Maharaj Ji, de Sri Prem Baba.

As pistas luminosas de Maharaj Ji

Com seu amor pela humanidade, Maharaj Ji trabalhou por longos anos para despertar a consciência das pessoas de forma pacífica, harmoniosa e amorosa. Ensinou o caminho por meio da meditação, da repetição de mantras (japa), da devoção e do trabalho desinteressado (seva). Se não fosse assim, o período de transição da ignorância para o despertar espiritual causaria muito sofrimento aos seres humanos: *Meu principal trabalho é ajudar a conexão com a alma universal para o bem de todos os seres viventes*, disse Maharaj Ji, na década de 1980.

Quarto Avatar (Guia Onisciente) na Linhagem de Gurus Sachchas, Maharaj Ji fez da sua sadhana (prática espiritual) um trabalho para socorrer as pessoas enredadas na ignorância provocada por Maya (ilusão da dualidade). Maharaj queria combinar na sua atuação espiritual o ensinamento para as pessoas melhorarem as suas condições de vida suprindo as suas necessidades materiais, enquanto percorressem a senda para alcançarem um nível mais elevado de consciência.

Pregava que seria necessária essa preparação para estar em harmonia com as novas energias que estão atuando no planeta, nesse momento de transição de Eras (Parivartan). Para qualquer pessoa sobreviver ao novo ambiente espiritual, é preciso aprender a adaptar-se ao momento energético vibracional. Maharaj Ji empregou toda a sua compaixão e amor aos seus semelhantes para cumprir a missão de libertar a humanidade do sofrimento.

Alguns trechos de discursos de Maharaj Ji:

O momento, agora, é de transformação divina, o despertar da consciência na Terra. Isso está destinado a acontecer como o próximo passo na evolução da humanidade neste planeta. Harmonize-se com esta transformação.

(08 de julho de 2008)

Nos últimos 30 anos da minha vida, tenho constantemente aconselhado a quem me procura a rezar a Deus por pelo menos uma hora ao dia. Minha missão não tem nada a ver com qualquer religião. Consiste, principalmente, em transformar a humanidade para o entendimento de Deus. Esse é o objetivo final na vida.

(21 de julho de 2005)

Temos que fazer a mudança em nós mesmos em primeiro lugar. Essa nossa mudança terá efeito sobre os outros também.

(2003)

É preciso fazer alguma sadhana (prática espiritual). Cada religião tem sua própria forma de sadhana, mas todas levam ao mesmo terreno espiritual. Assim, você pode seguir qualquer sadhana que goste. Mas deve realizá-la com o seu coração.

(Natal de 1999)

O coração é um só, e o amor vem do coração. Amor é Deus. Se você contemplar o Guru, poderá conectar o seu coração ao dele. A mudança em você ou qualquer outra pessoa acontecerá pelo coração. Mas, se você não se conectar a partir do coração, não será possível obter a expansão da consciência amorosa. Tudo ficará ligado apenas pela mente, pelo intelecto. Você não será capaz de fazer a transformação em tempos de Parivartan (Transição Planetária). Nem em si mesmo nem em ninguém.

(2003)

Enquanto Sacha Baba continua a sua assistência para a humanidade desde as planícies mais elevadas, os mestres e discípulos da Linhagem Sachcha, cada um com sua capacidade, também continuam a ajudar a humanidade, para que possamos alcançar a meta suprema.

(Sem data definida)

A força e a beleza da herança espiritual de Maharaj

Durante o Gurupurnima de 2011, data no calendário lunar indiano em que se celebra o guru, poucos dias antes de abandonar o seu corpo físico, Maharaj conversou com seus discípulos. Deixou registrado, através das palavras, da emoção e do amor, sua herança espiritual e a sinalização para a continuidade da Missão de acordar a humanidade do sonho ilusório de Maya.

Meu povo!

Só tenho uma coisa a dizer: é necessário trazer Deus para a sua vida. Ele é o único fazedor. Seja qual for o esforço que você faz, o guru quer que você faça isso por Paramatman (Espírito Cósmico, Deus). Você deve entender e seguir seu próprio caminho. O guru irá lhe mostrar o caminho. O tempo atual é escuro como uma noite sem Lua.

Parivartan (Transição entre Eras para a ascensão espiritual da consciência) está acontecendo. Lembre-se, na Linhagem Sachcha, depois de mim, haverá mais dois avatares no futuro. Em seguida, o Parivartan será inteiramente realizado. Grande parte do mundo continuará a ser, mas muitas pessoas serão eliminadas. Todos aqueles que permanecerem serão dedicados à Paramatman (forma Suprema de Deus). E o que estou dizendo não se aplica apenas para a Índia, mas para o mundo inteiro.

Para atravessar a Kali Yuga é muito simples. Você precisa cantar "RAM RAM", o nome de Deus. Assim, passará por essa Era facilmente. Todos os pecados de vidas passadas, presentes e futuras serão purificados.

Lamentavelmente, as pessoas, em geral, não dão prioridade à Paramatman. Quem vem a mim diz: "Eu tenho esse problema, aquele outro etc." Quase ninguém me pede para despertar Paramatman dentro de si. Sempre oro por quem me pede, mas o Samsara (o ciclo interminável de renascimento e morte) continua em expansão.

Ninguém conseguiu controlar este mundo, e ninguém vai conseguir. As ações geram frutos que serão colhidos por quem as pratica. Se houver quatro irmãos em uma casa, o carma de cada um será diferente. Mesmo se todos viverem juntos com amor e comerem juntos, ainda assim o carma de todos continuará diferente. Mas se os quatro cantarem o nome de Paramatman, mesmo que por uma hora, todos os dias, em seguida, os seus pecados serão purificados e, juntos, vão atingir a Moksha (libertação). Colherão o fruto da prática espiritual. Mas as pessoas que só querem o Samsara irão mais fundo na ilusão, acumulando ainda mais pó (apego à materialidade) por muitas vidas.

Devemos pensar sobre para onde estamos indo e para quê. Depois de um curto período de tempo praticando a Sadhana, o buscador ficará fora do caminho do Samsara, porque terá consciência que não há sabedoria nesta via da existência.

Mais tarde, a Satya Yuga (Era da Verdade) virá. O mundo continuará o seu fluxo. No entanto, atualmente, se por infelicidade alguém não cantar o nome de Deus, então, ele também terá de deixar este mundo (porque não vai estar em harmonia com as energias divinas que estão vindo para a Terra neste ciclo de Parivartan). A vida humana é, em si mesma, uma chance. E não há uma segunda chance.

Siga a sua religião a sério. Todas as principais religiões têm caminhos diferentes, mas todos nos levam a Deus. E todos aqueles que praticam essas religiões sinceramente alcançarão a união com Deus, independentemente da sua classe social.

Na Índia, existem muitos gurus, e você pode facilmente escolher um. Se você não encontrar Paramatman com um, poderá encontrá-lo em outra pessoa. E, encontrando ou não um guru, siga com quem você tem fé.

Você deve desistir de tudo por uma ou duas horas por dia para cantar o nome de Paramatman. Se essa prática se tornar um hábito, então, você vai começar a fazê-la com amor mais tarde. O amor em seu coração para Paramatman vai crescer.

Acorde!

Você deve acordar pela manhã e cantar o nome de Paramatman por uma ou duas horas. No restante do tempo, você poderá comer, dormir e trabalhar duro. O círculo de Maya (ilusão) é fraco no início, mas depois ela cresce dura como ferro (se você não tem uma prática espiritual constante). A cada pausa na disciplina da Sadhana, Samsara fica mais forte, para iludir a sua mente e tirá-lo do caminho do autoconhecimento.

O tempo está passando, o Sol nasce e se põe, para você fazer o seu trabalho. Os poderes superiores vão continuar a fazer o seu trabalho para quem atingir a meta ou não. Portanto, eu não vou falar muito. Quero apenas dizer que você deve dedicar algum tempo para Paramatman, quem quer que seja o seu Paramatman, com forma ou sem. Algumas pessoas têm fé em Deus. Se eles têm fé pelo coração, despertarão espiritualmente, porque não há nenhuma distinção (entre os devotos das mais distintas religiões, contanto que também estejam despertos espiritualmente). Paramatman pertence a todas as religiões. As pessoas são o Um. Todas têm órgãos semelhantes. Deus deu a todos o intelecto e a força.

Apesar de eu ensinar, ano após ano, as pessoas ainda não entendem. Por isso, sentem todos os tipos de dores. É preciso se dedicar entre uma e duas horas à prática espiritual para evitar os ensaios de tristezas em sua vida. Na parte da manhã, depois de tomar um banho, ou mesmo sem um banho, sente e cante o nome de Deus. Normalmente, as pessoas se planejam para entrar numa banheira ou chuveiro, rapidamente se lavar, para em seguida ir para a sua loja ou ao seu trabalho. Eles deixam a loja e o trabalho, seja qual for, ocupar as suas mentes.

Cabe a você decidir, ninguém o está forçando. Quer goste ou não, é só sentar. Depois de um tempo, em dois dias você vai começar a gostar da prática. Pouco a pouco você vai deixar a Samsara para trás. Maharaj Ji (falando dele mesmo) nunca força ninguém. Só orienta de maneira sábia e deixa as pessoas seguirem livremente.

3. PEREGRINANDO NA TRILHA DOS SACHCHAS NA ÍNDIA

Resolvi que participaria da temporada de Satsangs de Prem Baba, em 2017, na Índia. A minha Sankalpa (Propósito) seria transformar os ensinamentos do Guru brasileiro em um relato. Queria viver a experiência com a intenção de transformá-la em palavras, para revelar toda a atmosfera mística que influenciou Prem Baba a escolher esse caminho de Iluminação. Mostrar a fonte de conhecimento que o saciou em sua busca, depois de ter passado por tantas escolas espirituais distintas e, finalmente, deixar uma pista para as pessoas comuns comprovarem ser possível despertar, mesmo enredadas neste mundo de ilusão e sofrimento.

A jornada de Prem Baba me pareceu um grande espelho, capaz de refletir essa luz na escuridão. Um Vesak (Lua Cheia de maio em que Sidarta Gautama, o Buda, se iluminou) ao alcance de todos. A transformação é possível para todos, e acontecerá, estando a pessoa consciente do processo ou não. Um rio pode fazer muitas curvas no seu percurso, mas, certamente, alcançará o oceano em algum momento.

Em Rishikesh, mantive a rotina de assistir a todos os Satsangs, durante 27 dias seguidos, no salão construído por Prem Baba e seus devotos, no Ashram Sachcha Dham. Pessoas de todos os recantos do mundo lotavam diariamente o Satsang Hall, que, às vezes, não comportava todos os buscadores. A cada apresentação do Guru, eu percebia uma terapia coletiva em movimento. Prem Baba fala de uma maneira que cada uma das pessoas que o assistem pensa que o discurso foi concebido diretamente para ela. Essa é a capacidade que um Ser desperto tem: acessar o inconsciente coletivo através de uma linguagem universal.

Quando Prem Baba se comunica com a sua assistência, está completamente atuado espiritualmente pelo Guru. Ele é um instrumento nas mãos dos Sachchas, para entoar a verdadeira musicalidade da alma e colocá-la em sintonia com a consciência suprema. Como um bom terapeuta, formado em psicologia, Prem Baba consegue fazer com harmonia a fusão do conhecimento científico com a espiritualidade. Revela os pontos de escuridão das pessoas terapeuticamente para, em seguida, mostrar o caminho da luz através da espiritualidade. É um mestre capaz de trabalhar o momento presente de cada um.

A temporada começou no Ashram Sachcha Dham, em Rishikesh, às margens do rio Ganges (Ganga), aos pés dos Himalaias, no dia 2 de fevereiro, data de reverência, das religiões afro-brasileiras, a Iemanjá, a Rainha do Mar. Prem Baba saudou a Mãe Divina em todas as suas formas de espiritualidade. O Satsang foi eclético, com manifestações de cantos védicos entremeados por pontos e hinos da Umbanda e das doutrinas espirituais ayahuasqueiras.

Nos dias seguintes, conforme os Satsangs iam acontecendo, a Noite do Maha Shivaratri (Celebração de Shiva) se aproximava. Seria na Lua Nova, no dia 24 de fevereiro. O processo terapêutico se intensificava. Podia ver muitos dos devotos de Prem Baba e pessoas que foram assisti-lo vivendo fortes momentos de autoinvestigação e transformação.

Mesmo os mais desatentos que estivessem no salão de Prem Baba sairiam "mexidos". Quando o Guru trabalha, movimenta a energia vital de todos naquele espaço. A Shakti (energia sutil que atua na medula) estimulada provoca krias (reações orgânicas) de purificação nas pessoas. Não há como ficar incólume. Mesmo os curiosos acabam sendo trazidos para dentro do trabalho, inconscientemente. A energia que flui durante os Satsangs é viva e ativa, transcende os limites da racionalidade e da intelectualidade.

Pude perceber que muitas curas estavam acontecendo enquanto a temporada de Satsangs transcorria. Prem Baba mexia com habilidade naquele grande caldeirão de personalidades que acorriam aos seus discursos. Ao incentivar a investigação em cada um, das suas misérias acabava acendendo a luz da transformação.

Paralelamente, com a ajuda das músicas devocionais entoadas pela Awaken Love Band, Prem Baba criava o cenário perfeito para que as pessoas vivessem as suas catarses, amparadas pela luz do amor. A música desperta a pureza interior, emociona, conforta o coração, dissipa o medo e inspira para se seguir a jornada.

Apesar da força dos processos individuais de purificação, eu sentia uma segurança total no resultado regenerador daquele trabalho espiritual. Era como ver várias pessoas se atirando do alto de um penhasco psicológico, mas com a proteção de uma imensa rede de amor, estendida para amparar e confortar na queda. Além de guru, Prem Baba é um terapeuta habilidoso, um curador.

A revelação do processo interior

Também vivi experiências internas intensas durante esses dias de Satsangs, relacionados à Lua de Shiva. A Margpurmina (Lua Cheia de fevereiro ou Marg no calendário indiano) marca o início do Maha Shivaratri, data de celebração de Shiva, o Senhor Transformador dos Mundos. Enquanto a Lua vai minguando para a escuridão da Lua Nova, a luz de Shiva vai se acendendo no nosso interior. É uma batalha divina contra os nossos medos e a falsa ideia da morte, como o fim da existência.

Quem deseja trilhar mais profundamente os caminhos da meditação, deve entender esse aspecto de Deus contido em Shiva. Ele é o Yogue Universal, que, em sua dança de transformação, abre as sendas para o conhecimento do nosso verdadeiro Ser. Shiva destrói as amarras que nos prendem ao mundo racional, ilusório, de desejo, sofrimento e morte. É o transformador dos desejos em desapegos e o vencedor da morte.

Na noite anterior ao Maha Shivaratri, tive uma experiência muito forte no quarto do hotel onde estava hospedado. Alcancei o entendimento do processo de transformação que estava vivendo desde que encontrei o Prem Baba e a Linhagem Sachcha, em 2016. Fui banhado pela certeza, e um amor infinito brotou de dentro de mim, transbordando em lágrimas de gratidão. Agradeci por estar sendo guiado por mestres encarnados e desencarnados. A certeza e a confiança se apossaram de todo o meu Ser. Não conseguiria descrever com palavras a intensidade e a luminosidade daquele momento de comprovação da verdade.

Quando, em 2016, estive pela primeira vez em Rishikesh e conheci Prem Baba durante uma entrevista para a coluna política que assino em um site do Acre, na Amazônia, minha transformação interior se intensificou. É claro que não percebi, naquele momento, que algo havia sido posto em movimento dentro de mim. A princípio, Prem Baba era apenas mais um dos milhares de entrevistados da minha carreira de jornalista. Não imaginei que aquela entrevista se desdobraria em vários acontecimentos que mexeram com a minha vida espiritual.

Prem Baba estava em um retiro de silêncio. Na conversa que tivemos após a entrevista, ele sugeriu que eu permanecesse por uns dias em Rishikesh, pois teria algumas coisas para me mostrar quando saísse do retiro. Aceitei a sugestão, porque estava bem-instalado e sentia uma energia espiritual muito positiva, às margens do rio Ganges. Além disso, senti Prem Baba como um amigo que queria me mostrar algo importante. Segui a minha intuição e desisti de seguir viagem para Dharamshala, onde pretendia tentar fazer uma entrevista com o Dalai-Lama.

Em Rishikesh, fazia todos os dias rituais à Ganga. A força espiritual daquele rio divino me fascinou. Sentia uma purificação imensa a cada banho em suas águas. A Mãe Divina manifestada nas correntes do Ganges clareava a minha mente e abria meus olhos para o meu universo interior, muito mais amplo que o exterior. Eu tinha meditações espontâneas a cada puja (ritual) que fazia, com devoção, no espelho verde das águas da Ganga. Estava num processo forte e luminoso de autoconhecimento, relacionado a uma forma divina da natureza, contida em um rio que parecia mostrar o caminho para alcançar o oceano do meu verdadeiro Ser.

Um dia, andava sozinho por Rishikesh e fui tocado por uma energia forte e poderosa que estava além do meu controle racional. Como sou, há 24 anos, conhecedor dos rituais de ayahuasca, parecia que tinha tomado um copo cheio da bebida sagrada. Mas a coisa estava no ar, eu não tinha ingerido nenhuma planta de poder. Era uma meditação espontânea e poderosa que me empurrava para um caminhar sem saber em qual direção.

Quando atravessei a ponte suspensa de Laxmanjula, que atravessa o rio Ganges, e subi as escadas, encontrei com Manoj, um comerciante indiano devoto dos Sachchas, a quem havia sido apresentado há poucos dias. Era um rosto conhecido em uma multidão de desconhecidos, que poderia ser a minha tábua de salvação. Temia que aquele processo pudesse descambar para uma confusão mental, estando num lugar tão diferente e sozinho.

Perguntei, quase implorando, a Manoj, onde teria um lugar calmo para meditar, porque eu sentia algo muito forte acontecendo dentro de mim e queria controlá-lo. Ele me indicou o caminho para o Ashram Sachcha, que estava a poucos passos. Sugeriu que eu entrasse no quarto onde Maharaj tinha feito sua passagem espiritual (Maha Samadhi) e meditasse ali por alguns momentos.

Encontrei o quarto do Maharaj sem perguntar a mais ninguém. Fui conduzido intuitivamente até os pés de sua cama, embaixo da qual estão enterrados seus restos corporais. Sentei em postura de meditação e me entreguei ao fluxo. Repetia o mantra "Om Namah Shivaya", que havia aprendido na tradição da Siddha Yoga, para controlar o estado intenso de agitação e medo em que eu me encontrava.

O turbilhão de pensamentos foi se acalmando naturalmente. Minha respiração começou a se estabilizar, pude controlar meu corpo e entrei em profunda meditação. Então, o Maharaj se manifestou para mim, por meu canal mediúnico. Conversou comigo como se ainda estivesse na matéria. Explicou que havia me trazido ali para ajudar em uma missão. Enquanto esse contato espiritual com o Maharaj acontecia, senti uma imensa purificação de todos os meus sentidos. Tudo ficava claro como cristal. O conhecimento e a certeza fluíam por todos os meus poros. Estava diante de um mestre que atuava além do corpo físico, me ensinando um novo caminho e um Propósito para prosseguir com a minha existência.

Maharaj me deu um mantra que passei a repetir. Pude contemplar com os olhos do espírito milhares de sadhus e mestres meditando em cavernas dos Himalaias. Seres realizados que eram como pontos de luz em uma imensa escuridão. Uma noite estrelada no infinito eterno, sem começo nem fim. Maharaj me mostrou o estado de consciência a ser alcançado e a trilha dos Sachchas para me orientar na jornada. Confirmou Prem Baba como um de seus gurus vivos, para me ajudar a seguir no caminho do despertar.

Um Ser como Maharaj não é apenas uma pessoa física e mental com uma biografia. Tampouco um personagem espiritual criado para o deleite e a admiração dos seus devotos, mas a manifestação de vários seres iluminados, que, por meio de sua jornada de autoconhecimento, vão sendo incorporados. Maharaj, assim como outros gurus e santos verdadeiros, é a própria realização da Unidade. Isso está muito além de formas, egos e aparências.

A transformação da Lua de Shiva

Assim, na véspera do Maha Shivaratri de 2017, tive a consciência de todas as transformações processadas dentro de mim, um ano depois do meu encontro com os Sachchas. Resolvi que, fechado o ciclo do Maha Shivaratri, em Rishikesh, no comando espiritual de Prem Baba, iria peregrinar aos lugares onde os outros Gurus Sachchas tinham vivido.

Acordei no Maha Shivaratri com uma energia luminosa. Fui pela manhã ao templo de Shiva, na praça de Laxmanjula, participar dos pujas (rituais) em devoção ao deus. Segui para a Ganga (Ganges) para banhar-me e meditar. Em cima de uma pedra, entrei num estado sublime. Acho que estava meditando fora do meu corpo. O tempo passou rápido e eu não queria sair daquele estado nunca mais. Estava envolvido em luz e conforto. Senti a água fria da Ganga tocando o meu corpo como num aviso, mas me negava a voltar à matéria.

Então, uma onda mais forte do rio molhou meus pés e minhas pernas. Quando abri os olhos, vi a bolsa que trazia os meus pertences e a minha roupa, que havia tirado para o banho, flutuando nas águas do Ganges. Num salto, consegui recolher tudo, antes que entrassem na corrente. Tinha passado tanto tempo absorto na meditação que a subida do rio transformou em corrente os trechos de praia.

Imediatamente, aquilo que era êxtase e entendimento se tornou uma agonia. Minha mente esperta aproveitou o momento de vacilo para instalar a dúvida em mim. Os meus telefones celulares tinham sido molhados e parado de funcionar. Como eu, um jornalista conectado com o mundo, poderia viver sem me comunicar? E o prejuízo financeiro? Eu tentava voltar à meditação e me acalmar, encontrando um significado para aquilo, mas não conseguia. Como se diz na linguagem dos ayauhasqueiros, era uma peia (punição) por alguma coisa errada que eu tinha feito. Veio uma sensação desconfortável de erro e culpa.

A meditação elevada se tornou uma batalha mental em um segundo. Se eu estava me realizando espiritualmente, como alguma coisa relacionada à minha realidade material poderia me incomodar tanto? Sair de um estado de Iluminação para pensamentos analíticos avaliando perdas e danos?

Lembro-me que, durante aquela meditação, fiz uma reflexão para que, quando tivesse qualquer problema na vida, me lembrasse daquele estado elevado em que me encontrava. Por ironia do destino, um problema apareceu em seguida ao meu pensamento de "conformação". Talvez seja por isso que do mantra dos Sachchas tenha sido retirada a parte que falava dos infortúnios e se manteve apenas um trecho relativo ao "jogo da bem-aventurança". A mente tem o poder de transformar a positividade em ações de transformação, mas também pode materializar a negatividade.

Passei o resto do dia do Maha Shivaratri numa luta comigo mesmo. No Satsang Hall do Ashram Sachcha Dham haveria um puja para o Prem Baba, que reconhece essa data como a do seu despertar e de sua Iluminação. Assisti ao ritual, mas continuava preso aos meus pensamentos. Fazia julgamentos de mim mesmo e me condenava pelo "vacilo" de não ter prestado atenção ao movimento das águas da Ganga, que inutilizaram os meus celulares.

Talvez por misericórdia divina e pela minha devoção a Shiva, pouco a pouco o entendimento começou a chegar. Conseguia ter vislumbres, naquele emaranhado de pensamentos, do caminho para me libertar da prisão criada pela minha mente. Os meus apegos e prisões interiores estavam sendo severamente testados.

A minha ação verdadeira no mundo não dependia de um telefone ou de um computador. O trabalho é transformar a si próprio em direção à Consciência Suprema para desencadear a mudança à minha volta. Orar pelo meu despertar e das outras pessoas. Como diz um hino de um dos antigos Mestres do Santo Daime, Tetéu: "O teu trabalho no invisível tem valor, e o que me pedes eu te dou..." Eu estava trabalhando no invisível. Então, comecei a pedir o entendimento, em vez de arrependimento.

Shiva abriu para mim uma porta ao desapego e à compreensão do fluxo natural, da vida desperta. Tudo à nossa volta pode se abalar e se transformar, mas se estivermos firmados no verdadeiro Ser não existe o medo que é gerado pelos desejos. Ainda que se erre, se conserte e se repita esse processo mil vezes, estaremos conectados ao nosso verdadeiro Ser.

O caminho é se harmonizar interiormente, e isso pode ser feito pela atenção à nossa respiração na meditação. Meditar não é algo transcendental apenas para os "escolhidos", mas um olhar para o nosso universo interior. Fechar os olhos e ver o que está dentro de nós, observar o silêncio que nos habita. Mesmo que um turbilhão de pensamentos te assalte, enquanto estiver se auto-observando, permaneça, insista. A meditação irá se revelar em algum momento para você.

Na noite do Maha Shivaratri, fui para o salão de Prem Baba, no ashram. Cantariam para Shiva durante muitas horas. Entrei no fluxo, sentado no chão, rodeado por centenas de outras pessoas. Em determinado momento, comecei a ouvir vozes pelo meu canal mediúnico interno. Baixou uma força inacreditável, enquanto os devotos repetiam "Om Namah Shivaya". Meu corpo balançou e por um momento tive a sensação de que poderia me descontrolar. Fui tomado, no entanto, por uma segurança divina e pela certeza de que, naquele lugar, vestido com o escudo do mantra de Shiva, nenhum mal poderia me tocar. Então, suavemente, o Guru Sachcha me sussurrou pelo canal mediúnico: "Você está aqui para aprender a verdade e para falar sobre a verdade. Não precisa ter medo dela."

O salão de Prem Baba, em Rishikesh, é um campo de prece em que muitos seres iluminados atuam para guiar os devotos. Um lugar para confrontar nossos equívocos existenciais e encontrar um novo rumo para nossa energia vital. Como o próprio Prem Baba costuma dizer, é preciso desapegar-nos até das nossas falhas. O erro gera a culpa, que nos impede de levantar com rapidez.

Lembro-me de Prem Baba, em um de seus Satsangs, revelando a sua compaixão pelas pessoas:

Erram e depois ficam enredadas na culpa, sem poder seguir adiante. Todos que erraram ainda irão errar muitas outras vezes. Tenha essa consciência, mas é preciso escapar da culpa para que o estado de sofrimento não se torne permanente e acabe gerando todos os tipos de desequilíbrios mentais e doenças em nosso corpo.

Movendo-se em direção à luz

Existe uma diferença enorme entre peregrinar e fazer turismo. A peregrinação é um movimento que fazemos em direção a algum lugar sagrado, conectados com o Ser interior; é uma viagem de autoconhecimento. Enquanto o turismo é uma atividade externa, uma recreação ou distração mental para o nosso cotidiano.

Coloquei o pé na estrada para peregrinar a Varanasi. Sempre tive muita curiosidade sobre um dos lugares mais antigos do mundo, considerado a primeira cidade do planeta. Lá está um dos Sachchas Ashrams.

Cheguei à noite à cidade, e a minha primeira impressão, ao chegar no centro, foi de ter desembarcado, literalmente, no fim do mundo. As ruas entupidas de pessoas misturadas com as vacas, os cachorros, os carros, as motos e as bicicletas. Havia uma sutil neblina gerada pela fumaça constante da queima de corpos que acontece nos crematórios, às margens da Ganga, e se espalha por toda a cidade.

Além do caos urbano, não é agradável a sensação de se estar respirando cadáveres. Milhares de indianos escolhem Varanasi para morrer e para os ritos fúnebres da tradição hindu. Assim, os crematórios incineram centenas de corpos diariamente. Para se ter uma ideia, o hotel em que me hospedei tinha seus quartos sem janelas, para a fumaça não entrar. O impacto da chegada em Varanasi foi tão grande que mandei uma mensagem a Prem Baba, dizendo que, depois de ver aquele caos, entendia porque o

Katcha Baba queria destruir o mundo. Ele respondeu com uma gargalhada.

No dia seguinte, conseguimos um barco para irmos ao Ashram Sachcha Ganga Varuna, eu e a minha amiga Irene Caminada, nome apropriado para uma peregrina, que me acompanhava na jornada. A viagem pelas águas da Ganga foi revelando Varanasi. Templos e mais templos antigos, milhares de pessoas nas escadarias dos rios e os crematórios de cadáveres a todo vapor, às 10 horas da manhã. Os hindus acreditam que Varanasi é uma porta para o Céu. Se tiverem condições, querem passar os seus últimos dias de vida lá. Caso contrário, pedem aos parentes que levem seus corpos, depois de mortos, para um banho na Ganga antes da cremação. Acreditam que ali está o portal para as outras dimensões da existência e a morada dos deuses.

Chegamos ao ashram e fomos visitar o templo de Maha Samadhi, de Giri Nari Baba e onde estão, também, enterradas as roupas ensanguentadas de Katcha Baba. Pouco tempo depois, fomos recebidos por Aashu Bramachari, líder espiritual e responsável pelo ashram. Ele nos acolheu em seu quarto, com muita reverência e atenção. Um homem plácido e educado que parecia estar em constante estado de meditação.

Aashu tem 58 anos de idade e entregou-se completamente ao caminho espiritual aos 28. Recebeu a graça do seu Guru Sacha Baba. Anteriormente, Aashu era um próspero empresário que tinha uma pequena indústria. Optou, entretanto, pelo autoconhecimento e abandonou a vida mundana para morar num ashram e servir ao seu mestre.

Iniciei uma conversa com Aashu Bramachari, um renunciante esclarecido, devotado ao caminho do despertar de todos os seres. Uma pessoa serena, sem nenhum tipo de vaidade ou máscara de espiritualidade.

Perguntei:

Aashu, qual a principal mensagem da Linhagem espiritual Sachcha?

A principal mensagem da Linhagem Sachcha é a da transformação pessoal. Elevar-se além da consciência mundana do corpo e despertar a "presença" e a Iluminação, em você e no mundo. Trazer para dentro de você a ação da verdade, do amor, da compaixão, da amizade, do Dharma e da doçura — as seis glórias de Deus. Esses valores devem refletir do seu interior para o exterior para que você os espalhe pelo mundo. É preciso apagar a falsidade e o erro que geram sofrimento para a humanidade.

Como um homem comum, com seus afazeres cotidianos, poderá se transformar? Se conectar com esse conhecimento acerca do Ser Divino ou do Eu Superior?

As pessoas deveriam, diariamente, passar algum tempo rezando fervorosamente para a sua autotransformação. Esse é o caminho.

É possível um homem comum se iluminar através dos ensinamentos da Linhagem Sachcha?

Sim, é possível! Prem Baba conduziu um retiro de silêncio aqui, em 2013, e por 15 dias as pessoas praticaram a "pre-

sença" e o autoconhecimento, ficaram em silêncio e rezaram. Eu soube que muitas delas se transformaram completamente. Então, é totalmente possível, mas você tem que ser verdadeiro, honesto consigo mesmo e dedicar algum tempo, diariamente, às práticas espirituais.

O que o senhor acha de o Prem Baba ter se tornado um guru importante da Linhagem Sachcha e não ser indiano? Isso é relevante?

O conceito e o trabalho dos homens santos são para o mundo todo, não são apenas para os indianos, não estão restritos à Índia. Então, qualquer pessoa pode aderir ao movimento e tornar-se um líder do movimento, qualquer pessoa pode se iluminar. A energia dos santos é para todos, para ajudar a todos.

Você pode nos contar um pouco sobre a sua trajetória de vida e o seu trabalho aqui?

Eu conheci o Sacha Baba em 1966, por causa do meu pai, quando eu tinha 8 anos. Nessa época, eu não pensava na vida espiritual, mas, aos poucos, o Santo foi trabalhando dentro de mim. Em 1983, tive uma experiência espiritual muito poderosa e recebi a Shakti Path (transferência de consciência) de Sacha Baba. Depois disso, eu mudei, me transformei, mas ainda demoraram cinco anos até que eu fizesse a transição completa de estado de consciência e tomasse as sanyas (compromisso com o guru). Isso só aconteceu em 1988.

Desde então, trabalho como um instrumento de Sacha Baba. O meu trabalho é ajudar o movimento para as pessoas atingirem o autoconhecimento e a consciência suprema. Minha Missão é continuar rezando e transmitindo a energia supramental para toda a humanidade.

O senhor pode falar um pouco sobre o Giri Nari Baba? O que ele representa para a Linhagem?

O maior Propósito dele era promover a transformação do mundo inteiro de forma rápida. Então, concentrava sua energia para estar com pessoas influentes, da realeza e da política, para que elas pudessem ser influenciadas a ajudar no processo de transformação.

Como acordar o Dharma (ação correta) nas pessoas, no mundo de hoje?

As pessoas já estão acordando para o amor, estão começando a entender a necessidade de terem uma consciência amorosa. A transformação do mundo já está acontecendo. As pessoas vão abandonar o egoísmo e começar a entender o Dharma. As glórias do Ser Supremo irão vigorar através da verdade, do amor, da compaixão, da amizade, da boa conduta e da doçura.

Aashu também deu explicações sobre o comportamento de Katcha Baba. Afirmou que jamais o Guru pretendeu destruir o mundo, mas transformá-lo para a vinda de um novo período de tempo de pureza.

Minha conclusão é que conversei com um santo, em oração permanente pelo despertar das pessoas. Um homem comum que encontrou o caminho da Iluminação através do poder do seu Mestre, Guru Sacha Baba, e se realizou.

Eu vi a cara da morte e eu estava vivo

O compositor brasileiro Cazuza viveu um longo processo com a doença contraída pelo vírus HIV e tornou pública essa agonia que precedeu sua morte. Quase no limiar da consumação do seu corpo, Cazuza fez uma música em que a letra dizia: "Eu vi a cara da morte e ela estava viva." Minhas experiências me mostraram exatamente o contrário. Eu estava vivo diante da morte, que não passa de um medo mental, para criar a ilusão de que a existência é limitada.

Essa frase da canção de Cazuza me veio à mente durante a peregrinação a Varanasi. O entendimento da morte pode ser uma porta importante para impulsionar a vida e o autoconhecimento. Obviamente, não me refiro à morte como algo lúgubre e material, mas como um fato espiritual importante na nossa jornada pela eternidade.

Varanasi se revelou para mim depois da ida ao Ashram Sachcha e ao templo de Maha Samadhi de Katcha Baba, em um campo rural na periferia da cidade. Fui conhecer de perto os crematórios que tinha visto quando navegava pelo rio Ganges. Chegando lá, descobri um pequeno templo escondido, dedicado ao Deus Hanuman. Daquele ponto, em uma colina de Kashi, era possível avistar o crematório e todo o movimento de cadáveres que chegavam para se purificar nas águas da Ganga e, depois, ser incinerados, em grandes fogueiras a céu aberto.

Apenas um sadhu muito educado e a sua discípula chinesa estavam no local. Sentei-me em postura de meditação e comecei a refletir sobre a impermanência da matéria, enquanto o fogo crepitava, consumindo dezenas de corpos simultaneamente. Pude sentir o pavor da morte nas pessoas comuns, ainda que isso seja um fato irreversível e tão natural quanto o nosso nascimento.

O medo da morte provoca nas pessoas uma corrida desenfreada para aproveitarem a vida o máximo possível. Transformam o mundo em um "parque de diversões", como costumava me dizer o poeta e compositor Márcio Borges. Outras vezes, constroem biografias e obras que possam emprestar um sentido imortal à encarnação. Diante das chamas do crematório de Varanasi, pude perceber claramente a verdade. Tudo reduzido às cinzas e de uma inutilidade sem fim.

Alguns anos atrás, eu tinha tido uma meditação na casa em que morava, em Santa Teresa, no Rio de Janeiro, onde via meu próprio corpo queimando à beira da Ganga. Acredito ter sido um *insight* sobre uma encarnação anterior que tive na Índia. A lembrança dessa visão me veio novamente, no Templo de Hanuman, mas desprovida de qualquer temor. A migração da alma para um novo corpo, depois da morte, para a continuação do processo evolutivo, é no que os hindus acreditam, e eu também. Ali, pude sentir a verdade dessa crença, também compartilhada por várias correntes espíritas e xamânicas. A matéria é só um veículo do espírito, para realizar sua obra no mundo. O evento da sua impermanência é que, na realidade, nos dá a pista para despertar a consciência sobre a permanência eterna do Ser.

Uns dias antes de chegar a Varanasi, na noite de Maha Shivaratri, no salão de Prem Baba, eu tinha recebido uma mensagem espiritual que dizia: "Mesmo diante da morte, continue a enxergar a vida." Foi exatamente isso que aconteceu naquela meditação próxima ao crematório. Apesar da presença da morte tão próxima, como um fato real, eu sentia uma bem-aventurança incrível, provocada pela certeza da imortalidade. Minha vontade era de cantar, dançar e celebrar a vida que se desdobra misteriosamente, em várias formas.

Durante a meditação, eu ouvia o murmúrio das pessoas que tinham seus corpos preparados para o ritual de passagem em Varanasi, às margens do Ganga. Eles estavam mortos materialmente, mas seus espíritos ainda tinham sensações e registravam impressões. Aquelas almas pareciam crianças sendo preparadas para ir à escola pela primeira vez. Sentiam temor do desconhecido, mas ansiavam por novos conhecimentos.

Um mês depois, fui para uma pequena pousada em Rudrapayag, às margens do rio Alaknanda, um dos formadores do Ganges, nos Himalaias. Tive um sonho que só se revelou quando eu meditava nas pedras do rio, no dia seguinte. Eu estava em uma situação absolutamente cotidiana, quando alguém chegava e me lembrava que meu corpo já havia morrido. Em um primeiro momento, eu pensava nas minhas coisas, no que estava deixando e em compromissos que ainda não havia cumprido. Em seguida, no entanto, me dei conta de que essas coisas não tinham a menor importância, já que eu estava morto.

Quando o sonho se revelou na minha meditação, pensei: "Quando me comunicaram sobre a morte do meu corpo, eu estava vivo. Tanto que estava consciente ao receber a notícia. Num estado espiritual semelhante a esse, em que estou agora. Então, essa história de morte é realmente pura ilusão." Comecei a gargalhar em cima das pedras do Alaknanda com a revelação. Afinal, perde-se tanto tempo com o medo da morte para se descobrir que ela não existe.

O que você faria se soubesse que vai morrer hoje?

Essa história toda me lembrou um Satsang de Prem Baba, que eu tinha acompanhado, ainda na temporada de 2016, em Rishikesh. Ele indagava às pessoas sobre o que fariam se fossem morrer naquele dia. Ao mesmo tempo em que induzia à reflexão da impermanência corporal, Prem Baba utilizava a alegoria do medo da morte como uma porta para a cura da vida no presente.

Um exercício bem simples que você pode fazer é usar a imaginação criativa para visualizar o momento de sua morte, supondo que hoje é o dia de você deixar o seu corpo. Ao fazer um retrospecto de toda a sua vida, o que você sente que ficou inacabado, mal resolvido e precisa de reparação? O que você deixou de fazer?

Porque o processo é com você.

Durante um tempo, você acredita que o mundo te deve coisas, mas quando amadurece, descobre que isso é só mais um aspecto da ilusão. Chega um momento em que você compreende que o mundo não lhe deve nada, mas talvez você deva ao mundo, por ter descoberto o poder das suas escolhas. Você constrói o seu destino com pensamentos, palavras e ações e, nesse momento, é importante pensar se existe arrependimento.

No momento de despedida, terá chance de olhar para trás. É importante se permitir tomar consciência, pensar se tem algo que deixou de dizer, de fazer, de viver. Porque, sem dúvida, essa conta aberta com o passado tem grande poder de te segurar. Muitos voltam em outra encarnação para dar conta do que ficou para trás.

Há poucos dias, eu estava comentando com alguns devotos: tomara que eu não precise voltar aqui para pular de paraquedas, porque é a única coisa que eu não vivi nesta vida e que eu queria ter vivido. O resto, eu vivi tudo. É uma brincadeira, mas é verdade também. Tem um conhecimento por trás disso. Onde a sua mente está focada?

Se o desejo de pular de paraquedas é suficientemente grande para te segurar, você está seguro. Você volta aqui para pular de paraquedas. Esse é somente um exemplo de como funciona a mecânica da alma, em desenvolvimento, neste plano.

Se hoje for o dia para você deixar o corpo, você vai tranquilo? Em paz? Está de malas prontas ou não tem mala para ir? Vai livre e sem bagagem nenhuma?

Esse simples exercício pode te ajudar a tomar consciência das pendências que criam o medo de você ir embora. São elas que te seguram e geram o medo de perder a vida. Tem algo ainda para você viver, aprender, adquirir.

Mas é possível que você constate que não tem nenhum apego grande para te prender. Então, foque no desejo de chegar a algum lugar. Mesmo que seja o espaço de silêncio dentro de você. O desejo te impulsionou até esse lugar de consciência, mas agora você precisa abandonar esse desejo.

Estou sempre bem porque não tenho expectativas. O que a vida trouxer está ótimo. Perceba que existe aí um ponto realmente importante para ser considerado. Você precisa, simplesmente, relaxar profundamente e não ter expectativa em relação a nada. Chega uma hora em que até o desejo da Iluminação precisa desaparecer, porque será um obstáculo. É um eu psicológico que quer essa Iluminação, para controlar sua experiência espiritual. Trata-se de um eu idealizado que traçou um plano de como é que as coisas precisam ser. Mas quando o silêncio realmente se instalar no seu interior, esse eu que queria tanto a Iluminação não estará lá para receber. Ele não poderá estar lá, porque o silêncio só é possível na ausência desse eu.

Perceba que o desejo de chegar a um lugar é o que está te impedindo de estar nesse lugar. Solte-se e você vai alcançar o silêncio, num nível tão profundo que vai te fazer se desapegar até mesmo dos pensamentos. Simplesmente relaxe no momento presente.

Você estará lidando sempre com esse conflito entre o medo e o desejo. O objetivo da jornada espiritual é transcender esse conflito, ir além da dualidade, do medo e do desejo. É esse lugar que chamamos de silêncio.

Existem momentos que podem ser muito desafiadores no processo de autoinvestigação, por conta de diferentes impulsos. O medo e o desejo podem te levar para um lado e outro, sem você saber quem está te levando. Somos muitos eus internamente. Essa dualidade se desdobra em diferentes aspectos da personalidade, que criam medo e desejo dentro de nós.

É por isso que enfatizo tanto o processo de autoconhecimento. Conhecer um pouco mais sobre as três instâncias primordiais que se manifestam na personalidade: a máscara, o eu inferior e o eu divino.

Vemos pessoas que já caminharam em diversas escolas espirituais, mas ainda não conseguem diferenciar essas vozes dentro delas. É uma questão de focar na auto-observação. Mas é preciso obter o conhecimento adequado para te ajudar a diferenciar uma instância da outra.

A ilusão à qual me refiro são as máscaras que a nossa mente, através do eu inferior, utiliza para criar as falsas personalidades. Durante a jornada espiritual, é preciso reconhecê-las e encará-las como reais. Mesmo sabendo que se trata de manifestações ilusórias. Quando você compreende que seu orgulho é uma ilusão, a luxúria é uma ilusão, ser vítima é uma ilusão, você abre mão dessas máscaras.

Por exemplo, quem em você quer o silêncio? E por quê? Para quê? Onde surge esse pensamento de querer o silêncio? Pergunte dentro de você e deixe o eu responder. Para mim, quem? Quem sou eu? Ao identificar a ilusão, você a deixa ir. Aquilo que é real está além da dualidade, do medo e do desejo.

A presença poderosa de Sacha Baba

Saímos de Varanasi com destino a Allahabad, onde está o Sangham (encontro) sagrado dos rios Ganges, Yamuna e Saraswati (um rio mítico e invisível, dos Vedas). O lugar é conhecido pelas Kumbamelas, encontros místicos que acontecem de tempos em tempos ali. Gurus, sadhus, devotos e buscadores permanecem acampados por muitos dias em debates e práticas espirituais.

Em Allahabad está o Ashram iniciado por Sacha Baba, nos anos 1950, construído de frente para o Sangham de águas sagradas. Um local que irradia uma força espiritual enorme. A cidade, com poucos turistas ocidentais, tem uma fusão notável da sua cultura e espiritualidade, do Hinduísmo com o Islamismo. Um dia depois de chegar a Allahabad, peguei um tuq tuq (uma moto com dois assentos traseiros), para ir ao Ashram de Sacha Baba. Após atravessar o caos urbano, muito parecido em todas as cidades da Índia, chegamos a uma pequena estrada arborizada e agradável, às margens do rio Yamuna, que leva ao Ashram de Sacha Baba.

Várias colinas com templos e outros ashrams formam um cenário agradável que anuncia a proximidade de um dos Sanghans mais sagrados da Índia. Toda a força dos rios místicos cria uma atmosfera de calma e silêncio interior. Em uma colina depois de uma curva, chegamos ao Ashram construído por Sacha Baba.

Perguntei onde estava o mestre responsável pelo Ashram, Swami Gopal. Com uma indicação, cheguei ao Templo de Mahasamadhi de Sacha Baba. Um homem velho enrolado em panos, sentado em um pequeno tapete, estava concentrado em contar palitos, movendo-os de um lado para outro. Enquanto executava o seu jogo, movia os lábios repetindo o seu mantra silenciosamente.

Entrei respeitosamente no espaço. Fiz Namaskar para o altar que estava à minha frente, o túmulo de Sacha Baba, que mantém a sua presença viva e ativa em todo o ambiente. Segui em direção ao homem sentado. Como se já me conhecesse a vida toda e estivesse me reencontrando, minutos depois, ele olhou para mim e fez sinal para que me sentasse ao seu lado. Abriu um sorriso luminoso e me cumprimentou com um aceno de cabeça.

Apresentei-me, dizendo que vinha dos Satsangs de Prem Baba, em Rishikesh. Falei do meu Propósito de estar ali. Gopal não falou nada. Apenas olhou para o gravador que estava em minhas mãos e fez sinal para eu ligá-lo.

Comecei a perguntar, mas Gopal me respondia mais com os olhos do que com as palavras, em inglês, misturadas ao hindi. Talvez tenha sido uma das entrevistas mais curtas que fiz, em palavras, mas uma das mais extensas, se considerarmos a percepção da realidade ampla, gerada pelo silêncio.

Swami Gopal, o senhor conheceu Sacha Baba pessoalmente?

Sim. Fui seu discípulo.

O que o senhor pode dizer sobre ele?

Uma grande alma.

Qual a Missão de Sacha Baba neste planeta?

Ensinar que a divindade está dentro de você, de mim, de todo mundo. Fazer-nos realizar a divindade que existe em todos nós.

O que o senhor acha do Prem Baba?

Ele é um homem bom.

O senhor acredita que um homem comum pode atingir a Iluminação?

Sim, claro! A divindade está dentro de você!

O que o senhor acha do fato de Prem Baba não ser indiano?

Não há problema algum. Um guru pode nascer em qualquer lugar do mundo.

Quando Sacha Baba chegou em Allahabad?

Entre 1945 e 1946.

Por que ele escolheu esse local do encontro dos três rios, desse Sangham?

Por causa da energia e do poder que há aqui. Ele escolheu Allahabad, Varanasi e Rishikesh porque todos estão nas margens da Ganga.

Há quanto tempo o senhor está aqui neste Ashram?

Desde o início. Eu ajudei a construir este Ashram.

Onde o senhor nasceu?

Em Allahabad.

Como o senhor conheceu o Sachcha Baba?

Eu era estudante de engenharia, na Universidade de Allahabad. Um amigo me falou sobre um grande santo que havia chegado. Quando o conheci, foi uma experiência muito poderosa.

O senhor estava aqui quando o Maharaji conheceu Sacha Baba?

Sim. (Depois ele fala um pouco sobre Maharaj, como um companheiro de jornada. Faz referências como a um amigo que vem sempre visitá-lo.)

Quantos anos o senhor tem?

Quase 90.

Então, dissemos que ele parecia ser mais jovem. Ele deu uma gargalhada e disse:

É a graça divina que me faz parecer mais jovem!

Qual o significado de *guru*?

Guru *é o homem que te guia, que te mostra a luz, que te mostra o caminho. Todos precisam de um guru! Sem um guru você não consegue.*

Ao final da entrevista, ele fala espontaneamente:

O homem moderno é muito egoísta. Ele não entende que tudo é para todos. Por isso, tem que haver uma transformação, o homem precisa se transformar.

Então, pergunto como o homem comum, urbano, pode se transformar. Ele responde, quase num grunhido ininteligível.

Todos podem se transformar, todos podem ter uma vida divina e desfrutar da bem-aventurança. Temos que tornar as nossas vidas sublimes e nobres.

Ao final do bate-papo naquele templo sagrado do Mahasamadhi de Sacha Baba, Gopal ainda falou sobre as obras sociais do ashram, uma escola para meninos e um hospital para a comunidade da região.

Purificando para receber

À noite, na pousada, depois de estar no ashram, comecei a sentir uma revolução no meu estômago e em todo o meu aparelho digestivo. Um incômodo que julguei ter sido causado pelas comidas apimentadas de Allahabad. Ali não existe a possibilidade de se pedir uma comida sem pimenta. Todas são apimentadas, mesmo quando dizem ter tirado a pimenta.

Fui para o quarto e me deitei, depois de tomar vários medicamentos naturais. Então, começou um processo espiritual muito forte. Meu corpo se agitava com uma dor sutil que parecia querer crescer e tomar conta dos meus sentidos. Fui ficando preocupado e com medo. Sentei-me em posição de lótus, na cama, e comecei a repetir o mantra de Sacha Baba, concentrado na minha respiração: "Prabhu Aap Jago, Paramatman Jago, Mere Sarve Jago, Sarvatra Jago, Sukanka Ka Khel Prakash Karo."

Pouco a pouco, a dor e o medo foram se dissipando. Senti a presença de Sacha Baba iluminando todo o ambiente. Na minha meditação, o Guru dizia que era necessário que eu passasse por uma "limpeza" corporal. Misericordiosamente, meus nadis (minúsculos fios condutores de energia do nosso corpo) seriam purificados, para que eu pudesse voltar no dia seguinte ao ashram e sentir aquele lugar, em frente ao Sangham Sagrado, dentro do meu coração. Sacha Baba me mostrava que era necessário mais que uma visita aos prédios do seu ashram e abria caminhos para uma percepção sutil e transcendental daquele lugar.

Enquanto meditava, fui algumas vezes ao banheiro, com uma diarreia aquosa. Saía do meu corpo uma água em jatos, sem nenhum tipo de mau cheiro nem de dor. A meditação continuava a fluir, e me conectei com um estado de consciência diferente de todos os que já tinha tido. Era um espaço iluminado com uma luz mortiça, em que Sacha Baba dirigia um trabalho espiritual. Havia silêncio e entendimento. Apesar de minhas idas ao banheiro me trazerem de volta ao corpo, o meu espírito permanecia naquele lugar sagrado. Sem dúvidas, sem medo, sem dor nem prazer. Estava lá, simplesmente, ouvindo instruções dadas numa linguagem sensorial, que, acredito, só entenderei mais adiante na minha jornada.

Sacha Baba se manifestava espiritualmente para mim, enquanto limpava meu aparelho físico. Um processo de cura consciente guiado pelo poder de um guru, atuando além da materialidade. Um curador na espiritualidade. Transportei-me completamente para aquele lugar astral. Sentia um fluxo de energia regeneradora e a compreensão daquela experiência de limpeza orgânica, em pleno estado de meditação.

Por mais que queira, não é possível descrever com palavras o estado em que me encontrei naquela noite. Tampouco consigo lembrar de todo o ensinamento que passou por mim, pois estava além da forma intelectual. O fato é que passei uma noite acordado, em todos os sentidos, repetindo o mantra e limpando meu aparelho para continuar a jornada.

No dia seguinte, voltei sozinho ao Ashram de Sacha Baba. Swami Gopal estava sentado em um pequeno templo, de chão de terra batida, diante de uma pequena fogueira. Alimentava o fogo e rezava. Uma cena xamânica. Ele, com o olhar, me mostrou onde eu devia me sentar. Continuou o seu ritual por mais algum tempo. Depois, esticou sua mão em minha direção e passou um pouco de cinzas no meu terceiro olho, entre as sobrancelhas.

Como se já soubesse da minha experiência noturna, ele me perguntou, olhando-me fixamente e com um leve sorriso irônico, como tinha sido a minha noite. Contei que tinha passado por uma limpeza orgânica, e Gopal riu, confirmando que já sabia do ocorrido. Então, me repetiu a mesma coisa que eu tinha ouvido na meditação noturna: "Isso é uma purificação, uma graça que Sacha Baba te concedeu. O Guru te livrou de vários problemas físicos que você, certamente, teria no futuro."

Fomos para a casa de Gopal. Ele pediu aos seus ajudantes um arroz com kitchiri e uma coalhada para eu comer, enquanto se banqueteava com pratos coloridos e apimentados da gastronomia indiana. Era notável o prazer que Gopal sentia com a comida.

Conversamos sobre a política da Índia e do mundo, um assunto que lhe interessa muito. Também, sobre as causas dos conflitos que geram as guerras, a influência negativa que alguns religiosos fundamentalistas podem causar às sociedades planetárias, a ignorância de quem alcança o poder político pensando apenas em benefício próprio e sobre a frustração que, certamente, essa escolha irá gerar.

Pouco depois, chegaram alguns filhos de Gopal e os seus netos. Fizeram uma reverência ao patriarca, colocando um colar de flores em seu pescoço e tocando seus pés. Começaram a cantar bhajans e a tocar instrumentos. Uma verdadeira festa. Senti muito amor naquela recepção e uma alegria imensa em estar com aquelas pessoas da família de Gopal.

Antes do Arati (ritual de oferecimento ao Guru) das 18 horas, fui para o Templo de Sacha Baba para meditar um pouco. Sentei-me em frente ao túmulo do Guru e deixei fluir. Uma imensa paz e um indescritível bem-estar me invadiram. Uma percepção do silêncio da existência. Um estado sem preocupação, sem pensamento, sem medo e sem perspectiva. Apenas um estar no presente, sem nenhum compromisso com qualquer outro tempo. Jovens foram chegando e afinando seus instrumentos para cantarem a Sacha Baba e todos os seres divinos daquela confraria espiritual, às margens do poderoso Sangham de Allahabad.

Toda a comunidade do ashram se reuniu para cantar o Arati. Uma chama ondulante e as fumaças de incensos bailando no invisível, para louvar, pedir a guia divina e a proteção. Cantos e orações repetidas e flores oferecidas nos altares. Uma cena mágica que me fazia sentir uma energia luminosa banhando todo o meu Ser. Algo sem muito significado, por estar além do próprio significado. Fluí sem o atrito da matéria, em uma meditação devocional, em companhia dos santos Sachchas, no astral.

Depois do Arati, fui para a casa de Gopal, que ligou a televisão, a fim de assistir a um estridente debate, em hindi, entre candidatos regionais ao Parlamento indiano, do Estado Uttah Pradesh. Gopal não tem máscaras espirituais, é um homem comum que tem família, é apaixonado pela política e pela comida, mas, ao mesmo tempo, um mestre espiritual com uma vivência profunda dos misteriosos caminhos do Ser.

1. Linha sucessória dos Gurus Sachchas. Da esquerda para a direita: Katcha Baba, Giri Nari Baba, Sacha Baba, Maharaj e Sri Prem Baba.

2. O empresário João Augusto Fortes e sua companheira, a psiquiatra e psicanalista Ana Coelho, em um encontro com Sri Prem Baba para tratar de temas ambientalistas. Eles acompanharam a entrevista do autor.

3. Nelson Liano Jr. entrevista a escritora indiana Vanamali em sua residência em Rishikesh.

4. Seguindo pelo rio Ganges, em Varanasi, em direção ao Ashram Ganga Varuna, da Linhagem dos Gurus Sachchas.

5. O autor meditando no Templo de Mahasamadhi de Giri Nari Baba, no Ashram Ganga Varuna, em Varanasi.

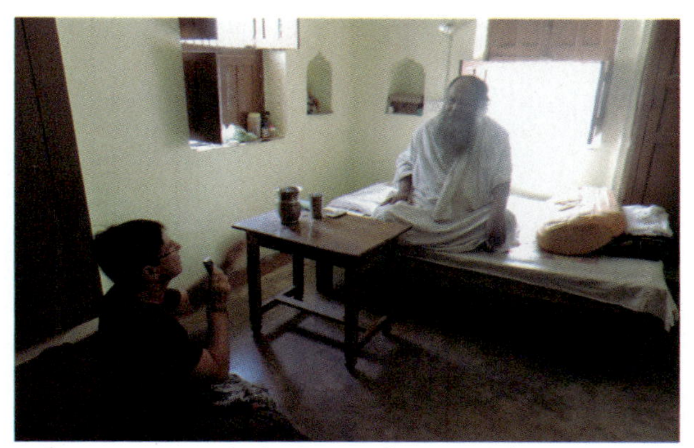

6. Entrevista com Aashu Bramachari, no Ashram Ganga Varuna, em Varanasi.

7. Assistindo, de dentro do rio Ganges, um dos pujas diários à Mãe Ganga, ao anoitecer, em Varanasi.

8. Entrevista com o Swami Gopal, em Allahabad, no Templo de Mahasamadhi de Sacha Baba, no Ashram Sant Sri Sachcha.

9. Meditando no templo de Buda, em Bodh Gaya, na Índia, sob a sombra da árvore de Iluminação de Sidarta Gautama.

10. Satsang de Sri Prem Baba aos seus discípulos indianos em Ganganagar, no estado do Rajastão, Índia, fronteira com o Paquistão.

11. Encontro de Sri Prem Baba com Paramahansa Swami Bramhdev, em Ganganagar. O mestre espiritual indiano realiza um trabalho social com crianças carentes e portadores de deficiências físicas, por meio da Fundação Sri Jagdamba Dharmarth Va Punyarth.

12. Sri Prem Baba visita o templo de Shiva na Fundação Sri Jagdamba Dharmarth Va Punyarth. Artefato de um complexo sistema de Astrologia Védica.

13. Sri Prem Baba recebendo todas as honras de guru na casa de um casal de indianos devotos em Ganganagar.

14. Meditação no Templo onde estão enterradas as roupas ensanguentadas de Katcha Baba, no Ashram Ganga Varuna, em Varanasi.

15. Sri Prem Baba abençoando as crianças em um colégio particular de um de seus devotos de Ganganagar.

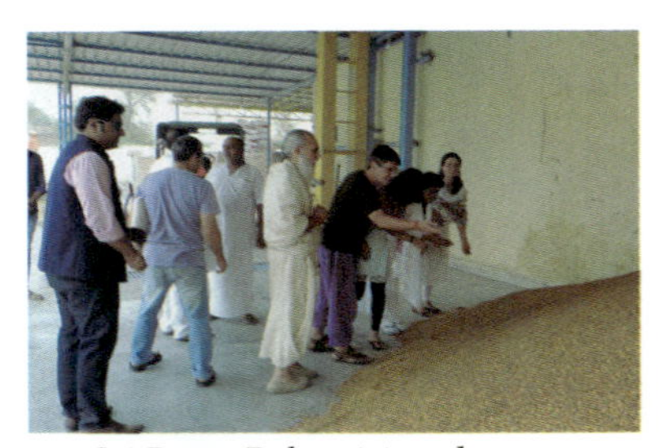

16. Sri Prem Baba visitando uma indústria de processamento de cereais de um de seus discípulos em Ganganagar.

17. Entrevista com o cineasta indiano Anoop Chatterjee, no Ashram Sachcha Dham, em Rishikesh. Ele pesquisou a Linhagem Sachcha para fazer o documentário *Sachcha – Uma jornada eterna.*

18. Entrevista com o comerciante Manoj Bhardwaj, que recebeu Sri Prem Baba em sua chegada a Rishikesh, ainda como Janderson Fernandes.

19. Uma das visitas do autor, Nelson Liano Jr., para entrevistar Sri Prem Baba em sua residência no Ashram Sachcha Dham, em Rishikesh.

20. O autor entrevista o yogue Vishvektu, no Ashram da tradição de Akhanda Yoga, em Rishikesh.

21. Celebração da Festa das Cores (Holi), uma espécie de carnaval indiano, em devoção ao Deus Krishna. O autor e o yogue Vishvektu, no Asharam da tradição de Akhanda Yoga, festejando o Holi.

22. Templo erguido no local onde Katcha Baba recebeu uma pedrada fatal de um devoto, na zona rural de Varanasi.

23. Puja diário do autor no rio Ganges à Mãe Divina Ganga, em Rishikesh.

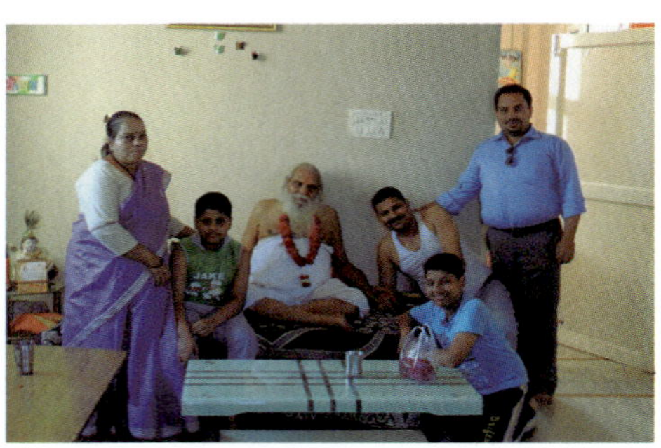

24. Swami Gopal e seus familiares, em sua residência no Ashram Sant Sri Sachcha, em Allahabad.

25. O autor meditando nas pedras do rio Ganges.

26. Sri Prem Baba dando Satsang no salão construído por seus devotos no Ashram Sachcha Dham, em Rishikesh, na Índia.

27. O olhar do Guru Sri Prem Baba abençoando os devotos durante Satsang no Ashram Sachcha Dham, em Rishikesh.

28. Vista externa do Satsang Hall, onde Sri Prem Baba recebe devotos do mundo inteiro, no Ashram Sachcha Dham, às margens do rio Ganges, em Rishikesh.

29. Um dos muitos encontros de Sri Prem Baba com o Mestre tibetano Dalai-Lama, na Índia, ainda no início de sua jornada como guru, em 2004.

30. Sri Prem Baba recebendo as instruções de seu Guru Maharaj, no Ashram Sachcha Dham, em Rishikesh.

31. Sri Prem Baba em reverência, às margens do rio Ganges, no local onde despertou para sua Missão Espiritual, em Rishikesh.

32. Sri Prem Baba no quarto de seu Guru Maharaj. O lugar se tornou o Templo de Mahasamadhi do Mestre Sachcha, em Rishikesh, depois de sua passagem espiritual, em 2011.

33. Puja de Sri Prem Baba à Mãe Ganga, às margens do rio Ganges.

34. Sri Prem Baba em celebração com seus devotos, às margens do rio Ganges.

35. Temporada de Satsangs de Sri Prem Baba no Ashram de Alto Paraíso de Goiás, no Brasil. Todos os anos são recebidos milhares de buscadores espirituais.

36. Satsang de Sri Prem Baba especial para as crianças no Ashram de Alto Paraíso de Goiás.

4. MEDIUNIDADE: FIOS INVISÍVEIS À IMORTALIDADE

Um tema importante para qualquer buscador que deseja entender a espiritualidade é a mediunidade. A percepção de planos paralelos de existência é uma porta para a consciência da imortalidade. Isso porque ela dá a certeza de que a vida não se restringe a um corpo. Existem infinitas formas de energias sutis que rodeiam os encarnados. O contato adequado com essas forças pode ensinar muito à humanidade. Na realidade, o trabalho de xamãs e curadores é aprender a manipular essas energias sutis para regenerar física e espiritualmente os enfermos de corpo e alma.

No Brasil, o espiritismo kardecista e as diversas manifestações da Umbanda e do Candomblé tornaram a mediunidade um assunto mais conhecido. Mesmo assim, ainda há muitos preconceitos e desconhecimentos sobre o dom da percepção de outros planos da existência. É claro que a atuação de charlatães contribuiu para essa visão negativa, assim como a perseguição feita ao espiritismo por correntes religiosas cristãs fundamentalistas. Mesmo algumas linhas de Yoga e de religiosidade védica não podem nem ouvir falar do assunto. Isso é gerado pela ignorância a respeito da mediunidade, que, na verdade, é uma faculdade que está em todos os seres humanos, mais ou menos desenvolvida.

É importante o entendimento da mediunidade porque ele afeta a vida de muitas pessoas. Acho que mesmo médicos, psicólogos e outros profissionais da saúde deveriam entender um pouco mais essa questão. Assim, evitariam o sofrimento de muitos pacientes que, por não terem conhecimento dessa percepção, acabam desenvolvendo doenças psíquicas e físicas.

Tive um contato mais consciente com a mediunidade durante meus trabalhos com o Santo Daime. A ayahuasca é um facilitador da percepção desses planos paralelos. Limpa os canais do corpo e da mente para despertar o sentido da existência de outras formas de vida. Desde criança, no entanto, minha mediunidade esteve manifestada por sonhos e contatos extrassensoriais com seres desencarnados. Entretanto, a consciência desses acontecimentos só veio com o conhecimento adquirido nos salões espirituais do Mestre Raimundo Irineu Serra e dos seus discípulos. O trabalho do Santo Daime, realizado com seriedade e conhecimento, faz dessa Doutrina Amazônica uma verdadeira escola de mediunidade.

O interessante é que, quando comecei a meditar com mais constância e disciplina, senti um refinamento da minha mediunidade. Passei a ter contato com seres de instâncias superiores a fim de despertar minha consciência cósmica de Unidade. Mestres que continuam a ensinar mesmo depois de abandonarem os seus corpos físicos se manifestaram por meio do meu canal mediúnico. O trabalho combinado que realizei, por muitos anos, entre a linha xamânica e a cristã do Santo Daime e da Siddha Yoga, shivaísta, me ajudaram muito.

Identifiquei em Prem Baba e em outros gurus das Linhagens védicas esse atributo mediúnico, ainda que possa receber outros nomes. No caso de Prem Baba, desde muito cedo despertou a sua mediunidade. Passou por várias escolas de conhecimentos espirituais para se realizar na Ciência do Ser, como yogue. Mas nunca abandonou sua linha de curador e terapeuta, que mistura a ciência com os conhecimentos ayahuasqueiros e espíritas. Somou experiências para realizar sua Missão de despertar outras pessoas à espiritualidade e poder realizar o seu próprio Ser.

Doutrinando o ego para resplandecer

Nas linhas espíritas tradicionais, um dos principais trabalhos do médium é doutrinar os desencarnados. É considerado um trabalho de caridade orientar aqueles que deixaram os seus corpos sem o conhecimento de sua verdadeira natureza espiritual. Assim, o papel do aparelho mediúnico é orientar, confortar e encaminhar as almas desencarnadas para que sigam suas jornadas na eternidade.

Nas doutrinas espiritualistas xamânicas, também existem muitos trabalhos de orientação das almas desencarnadas que, por ignorância, continuam a perturbar os encarnados. Por vezes, essa perturbação pode gerar doenças. Os rituais visam mostrar aos espíritos o caminho para seguirem em paz. Muitos são curados depois de abandonarem os seus corpos.

Por outro lado, a cultura védica utiliza vários elementos do xamanismo. Conexões com o fogo, a terra, a água, o ar e outros aspectos da natureza relacionados a deuses e deusas do panteão védico são usados, como acontece também nos cultos afro-brasileiros. Toda a espiritualidade védica é voltada para que cada um se descubra como um Ser Divino. Cada um que se ilumina acaba por emanar, naturalmente, essa luz a outros seres. É uma busca de Iluminação individual para alcançar o universal.

O ego deve ser doutrinado para não ficar perdido e sofrendo depois de abandonar o corpo material. Ele não deve desaparecer, mas se transformar, para promover o despertar espiritual. O objetivo é que todos os Seres alcancem a Unidade com tudo o que há no Universo, visível e invisível.

A dualidade é um dos atributos do ego, e os constantes julgamentos que fazemos sobre todas as coisas, um dos seus mais poderosos instrumentos. Feio e bonito, bom e ruim, matéria e espírito, vivo e morto, o eu e o outro. Tudo ilusão. A meditação ajuda no processo de transcendência desse jogo dual que causa tanto sofrimento à humanidade. Ela pode despertar a pessoa, pouco a pouco, para a consciência de Unidade.

A meditação refina a mediunidade

Identifiquei o elemento mediúnico muito forte durante os Satsangs de Prem Baba. Percebi uma atuação de seres superiores por meio do Guru. Resolvi, então, conversar com ele sobre o fenômeno da mediunidade.

Prem Baba, qual a relação da meditação com a mediunidade?

Essa é uma boa questão. O caminho que estou trilhando é influenciado pela cultura védica, mas eu nasci no Brasil. Assim, tenho um grande grupo de devotos brasileiros que, independente das influências religiosas, nasceu com uma mediunidade apurada. O Brasil é, talvez, o país com o maior número de adeptos do espiritismo, nas linhas kardecistas e de Umbanda. Mas, na realidade, a mediunidade é um fenômeno global. O brasileiro, de forma geral, tem essa tendência muito forte. Assim, muitas pessoas vêm a mim sofrendo por não saberem lidar com a mediunidade. Chegam com crises existenciais e sintomas como a depressão e a ansiedade. Têm uma série de perturbações inexplicáveis, mas que, olhando mais profundamente, vejo que são causadas pelo fenômeno mediúnico descontrolado. A pessoa não sabe lidar com isso. Entendi que também faz parte do meu trabalho ensinar essas pessoas a conviverem com a mediunidade. Por isso, incluí o desenvolvimento mediúnico em meus ensinamentos. É uma espécie de escola de mediunidade para médiuns que, às vezes, nem sabem que têm essa faculdade sensorial.

Assim, constatei com a experiência que a meditação é um dos principais instrumentos que favorecem o desenvolvimento da mediunidade. Ajuda a pessoa a silenciar internamente, a se distanciar das vozes perturbadoras e a compreender realmente o que é que está se passando dentro dela e, também, passando por ela. Minha intenção é que a pessoa diferencie, inclusive, o que é uma atuação realizada por impulsos psicológicos emocionais de um Eu psicológico que gera ciúmes, raiva, inveja, de uma manifestação que está além do pessoal.

O médium pode estar captando uma frequência de energia, da mente e do emocional coletivo, mas pode, também, estar dando passagem a entidades astrais, com corpos sutis e tudo...

Desencarnados?

Desencarnados, seres de outros planos e dimensões que podem atuar no corpo físico com a intenção de trazer uma mensagem ou de completar um círculo cármico por meio de um médium. Isso acontece na esfera da cura e autotransformação. Por essa razão, enfatizo o foco à reparação das relações familiares. Percebo que existem ancestrais daquelas pessoas pedindo Iluminação e compreensão. Entes que já morreram, mas que ficaram presos dentro do inconsciente familiar por conta de culpa, de choques de desamor, de desrespeito e de humilhação. Pessoas que não foram reconhecidas em vida e que ficaram presas esperando esse reconhecimento. Querem se libertar através da vivência de alguns sentimentos de entendimento. Eu compreendi que esse meu trabalho na esfera de cura, que chamo de "ABC da espiritualidade", tem grande dimensão espiritual e espírita, além das questões psicoemocionais. A pessoa estava sofrendo e, ao investigar, eu via que não era só uma questão psicoemocional da sua biografia. Havia entidades espirituais e astrais de desencarnados acopladas pedindo reparação e ajuda àquela pessoa. Alguns querendo trabalhar, auxiliar e ter uma oportunidade para poder servir através daquele corpo. Compreendi que faz parte do meu trabalho acolher essas entidades e pessoas que estão nesse processo de desenvolvimento mediúnico. A meditação ajuda a discernir o que é e o que não é pessoal. É preciso aprender a identificar as diversas vozes que falam e atuam dentro de nós.

Uma vez, ouvi uma frase que dizia o seguinte: os lugares onde existem mais médiuns inconscientes são os hospícios e as clínicas de tratamento mental. Eu sei que você trabalha muito com o aspecto psíquico das pessoas em união com a espiritualidade. Queria que comentasse isso.

Hoje, sou um mestre espiritual, mas já fui um psicólogo que acabou se aprofundando no estudo do universo da loucura. Tive a chance de fazer estágio em alguns hospícios. A loucura sempre me atraiu muito. E pude constatar que muitas pessoas que estão vivendo severas desordens psicológicas e emocionais ou estão em surto psicótico podem realmente estar sendo influenciadas pelo fenômeno mediúnico e não estar sabendo administrar. Tanto que, dentro desse meu processo de desenvolvimento do "Caminho do Coração", acabei adotando a terminologia criada pelo psiquiatra, com viés espiritualista, Stanislav Gröff, um dos criadores da psicologia transpessoal. Ele usa o termo "emergência espiritual" para falar do surto psicótico. Eu vejo que a pessoa que está passando por um surto psicótico vive uma emergência espiritual. O que acontece é que a alma dela está se desenvolvendo numa certa velocidade e o corpo não está acompanhando. Está vivendo experiências muito profundas no nível da alma, mas não tem conhecimento nem compreensão daquele fenômeno. Não está sendo devidamente instruída, amparada, nem recebendo o suporte necessário para conseguir compreender o fenômeno que está ocorrendo. Por isso, acabam saindo do controle e sendo internadas em algum hospital psiquiátrico. Infelizmente, às vezes, precisam mesmo ser interditadas, tomar remédio, porque a ciência não está preparada para lidar com o fenômeno mediúnico e paranormal. Quando alguém começa a despertar a energia da kundalini, que abre os chacras, podem ocorrer fenômenos paranormais, de telepatia e muitos outros.

Essas manifestações provocadas pela kundalini são confundidas com a loucura?

Sim, porque a ciência, de forma geral; a psicologia e a psiquiatria consideram real aquilo que o ego mensura. O ego é que dá a dimensão da realidade. Aquilo que eu posso ver, ouvir, tocar, isso que entendemos como real. Mas existem muitos universos além daquilo que o nosso ego capta através dos sentidos. Tem muita coisa. Então, muitas pessoas são consideradas loucas, mas, na verdade, estão tendo uma percepção desses universos sutis, percepções de outras dimensões da natureza, mas só que não estão sendo compreendidos. Infelizmente, nossos médicos não têm preparo e maturidade para lidar com isso. Essa é uma questão bem delicada.

Na sua jornada espiritual, que é longa, você experimentou vários caminhos. Qual o papel que a mediunidade teve em sua vida? Você teve a autopercepção da mediunidade?

Sim, a mediunidade começou a se manifestar quando eu era criança. Eu mesmo não tinha a menor ideia do que estava se passando comigo. Eu falava línguas estranhas e não entendia o que era aquilo. Era tomado por uma força completamente alheia à minha vontade consciente e, às vezes, isso acontecia quando eu estava dormindo. Era como se tivessem outros seres se comunicando através de mim. Aquilo me amedrontava terrivelmente. Eu era uma criança assustada, por conta desses fenômenos. E também tive chance de ver minha avó, que era uma médium de cura, que recebia muitas pessoas que chegavam desenganadas dos médicos, e ela fazia as orações dela e as pessoas eram curadas. Às vezes, as entidades falavam através da boca de minha avó, e havia diálogo entre dois médiuns recebendo entidades e conversando entre eles. E aquilo tudo, pra mim, era uma coisa muito esquisita, muito estranha. Conforme fui crescendo e me desenvolvendo, esses fenômenos foram mudando, se transformando e se aquietando também. Quando eu tinha 18 ou 19 anos, conheci a ayahuasca, na forma do Santo Daime. Na verdade, conheci, primeiro, a ayahuasca mesmo, depois, o Vegetal e, então, veio o Daime. E foi um trabalho de Daime, que era uma sessão de cura com a Umbanda, que destampou tudo. Atuei de uma forma que eu não podia controlar. E aí se abriu pra mim um novo horizonte, um novo mundo, mas também um monte de dúvidas, porque eu questionava aquilo que aconteceu comigo. O que é verdade? O que é mentira? Estou ficando louco? Não estou ficando louco? Isso é uma loucura da minha cabeça? Não é? E foi um tempão ali pra poder destrinchar e entender. Mas fui agraciado com bons professores. O Marco Antonio, que era um Pai de Santo de Umbanda e também de Candomblé, me ensinou muito dessa linha de mediunidade. Ele me ajudou a dominar esse fenômeno que se passava comigo.

Fui ficando consciente e aprendendo. Eu atuava e depois, aos poucos, aquilo foi suavizando, suavizando, e eu só canalizava e ouvia. Sentia uma presença que trazia mensagens, mas aquilo só passava por mim. Fui médium de incorporação durante alguns anos.

Transmissão espiritual entre gurus

Nessa Linhagem de gurus, a transmissão, às vezes, acontece até através de gurus desencarnados? A Linhagem Sachcha tem uma ligação com essa questão da mediunidade?

Na Linhagem de Gurus Sachchas acontece transmissão, mas não incorporação. No Hinduísmo de uma forma geral é possível incorporações em alguns rituais. Mas são fenômenos raros que podem acontecer eventualmente. Por exemplo, me lembro de ter visto pessoas incorporando durante o Bhagavatan e outra vez durante um Navaratri (rituais védicos).

Na nossa Linhagem os mestres espirituais recebem comunicações de planos superiores e de outros seres iluminados na forma de canalização. Percebi que ocorre uma evolução dentro do processo de mediunidade. Agora, falando do trabalho mediúnico em geral percebo que o fenômeno se inicia com a incorporação de seres mais densos, inclusive, que requerem contato com a matéria. Estou falando da minha experiência. Comecei com a mediunidade dentro da Umbanda. Então, eu dava passagem para uma série de entidades que tinham necessidades até materiais. E aquilo foi suavizando, suavizando, parei de incorporar, e aí só canalizava, até que tudo ficou mais sutil e foi silenciando, silenciando, e a consciência foi se diluindo na totalidade. Mas, ainda assim, às vezes, ocorre de eu receber alguma mensagem supramental que vem de seres da Linhagem Sachcha, que fazem parte de um "Parlamento Espiritual". Giri Nari Baba criou um Parlamento de seres divinos para poder realizar essa Missão. E esses seres, muitas vezes, atuam, mesmo já não tendo um corpo físico, e vêm me trazer mensagens.

Quando você está dando um Satsang, ensinando os buscadores que te procuram, o que acontece? É um processo mediúnico? Uma alteração de consciência e você canaliza uma força?

Na verdade, o que ocorre é que, quando eu vou para o salão dar o darsham (encontro com os devotos), eu me verticalizo ao máximo. Quando estou andando no mundo, eu me horizontalizo, pra poder andar no mundo material, mas quando entro no salão, pra dar o darsham, me verticalizo com aquela energia de Paramatman, a energia de Deus, que se esparrama pelo salão e vai fazendo o seu lila (jogo) e operando milagres.

No meu entender, o medo da morte é um dos maiores obstáculos para a humanidade. Por causa desse medo, as pessoas buscam prazer, têm demandas materiais que, às vezes, as tornam individualistas, egoístas e cruéis. Eu queria que você falasse também sobre o Maha Shivaratri, que representa a batalha de Shiva contra o medo e a morte. Como as pessoas normais deveriam refletir, meditar, para entender essa questão?

Exatamente o medo da morte é que está por trás de todo o jogo do sofrimento que você acabou de descrever, a corrida atrás de uma alegria passageira e, ao mesmo tempo, uma corrida também para tentar fugir do sofrimento. Então, você está sempre correndo, e essa corrida, quer seja para quem busca uma alegria passageira, quer seja pra fugir do sofrimento, é motivada pelo medo da morte. Então, eu sinto que, em algum momento, o ser humano vai precisar encarar o medo da morte, que está relacionado com uma falsa ideia de quem ele é realmente, porque ele acredita que é o corpo. E o corpo tem uma programação, tem um prazo de validade. Tudo aquilo que Deus criou neste plano material tem um prazo de validade e, em algum momento, vai expirar. Então, o ser humano, enquanto corpo, vai ser extinguido. E só quando o ser humano consegue compreender que não é o corpo é que ele pode se libertar do medo da morte. Só quando compreender que a morte é uma ficção, o que é algo complexo e profundo. Porque, apesar de ser uma ficção, parece muito real, se a pessoa está identificada com o corpo. E a grande maioria da humanidade está identificada com o corpo, porque não conheceu o espírito, não sabe quem está conduzindo o corpo, que é apenas um veículo. As pessoas acabam acreditando ser o veículo, não o condutor.

Sinto que a libertação do medo da morte só pode se dar com o reconhecimento do espírito, quando a pessoa reconhece ser aquele que é eterno, que é imutável e permanente. Eu sou o amor puro dos amantes que nenhum mortal pode proibir. Eu nunca nasci, eu nunca vou morrer, eu falo por todas as bocas. Estou aqui atuando neste corpo e, quando ele estiver suficientemente usado, cansado e não me servir mais, eu o deixo e vou para outro. Quando você consegue realmente se reconhecer como a vida única que pulsa por trás de todo nome, de toda forma, você estará livre do medo da morte, livre do ciclo da morte e nascimento. Estará livre do mito e da crença. Se está livre do medo, está livre do ódio, e pode amar livremente, e pode viver para experienciar a liberdade.

Então, essa é a essência. E o Maha Shivaratri vem nos lembrar dessa verdade da transcendência do espírito sobre a matéria. O Maha Shivaratri simboliza exatamente essa união do espírito com a matéria, o Sol fecundando a Lua, na representação de Shiva com sua consorte Parvati. Nessa união divina, Shiva simboliza a consciência cósmica e Parvati simboliza a prakti, a materialidade manifestada na natureza. O espírito e a matéria se fundem. A manifestação do masculino e do feminino dentro de nós é o que possibilita a transcendência, a lembrança de que somos um espírito eterno navegando na matéria do nosso corpo físico. Shiva vem nos lembrar de quem realmente somos. O Shivaratri é o momento de lembrar de quem realmente somos. E eu descobri isso na prática, porque descobri quem realmente eu sou, em um Maha Shivaratri.

Como foi?

Tive um darsham (encontro) de Shiva. Ele se apresentou para mim, na forma de um lingan (elipse que representa a totalidade), com a serpente enroscada. Foi mítico e físico ao mesmo tempo. Uma experiência inesquecível. Eu recebi aquele darsham, e a minha vida se transformou. Aí entrei em samadhi, voltei, entrei e voltei, depois fui para a Ganga para pedir uma misericórdia para conseguir ficar e não cair mais.

Você ia alto e vinha baixo?

Exatamente. Eu entrava em samadhi, não conseguia sustentar, e caía, mas não sabia porque eu caía e não conseguia voltar de novo para o samadhi, para o alto. Não era do meu controle, eu não sabia entrar em estado vertical e ficar. Acontecia, era um acidente, praticamente. Só que aumentou a minha angústia. Por que, como é que eu volto para o Céu?

Você está no Céu e tem que voltar para o Inferno. E você quer voltar para o Céu e não consegue. Então, era mais ou menos assim que eu estava. Eu fui ao Céu, tive o gostinho, e, agora, como é que eu faço pra voltar? Se eu sei que existe e é possível, porque eu fui, então é possível. Só que eu não sei ir. E foi aí que eu fui à Ganga pedir misericórdia, e recebi.

Quando Shiva se apresentou, iniciou um processo?

Exatamente, quando ele se apresentou, iniciou o processo.

E aí a Mãe Ganga...

Aí a Mãe veio e completou. O Maharaji estava dando uma gargalhada e me recebeu. Foi aí que ele me falou que eu era um guru e explicou o meu caminho.

Ele estava te esperando. Você veio da Ganga, encontrou o Maharaji e ele gargalhando...

Ele gargalhando, eu gargalhei junto com ele, embriagado por saber quem eu realmente era!

Estava tudo aí dentro de você o tempo todo.

Tudo dentro de mim o tempo todo, mais ou menos isso.

5. A ETERNA BUSCA DA HUMANIDADE PELA SALVAÇÃO DA ALMA

Muita gente usa a religião como mais uma forma de superstição. Não conhecem a devoção (bhakti), que é uma das formas mais sublimes de amor. A religiosidade acaba se tornando uma moeda de troca para garantir a "sorte", para estar com a consciência tranquila em relação às supostas obrigações com o Divino. A relação acaba sendo muito mais mercantil do que espiritual. Dessa forma, são criadas expectativas de que o Divino possa atender a todas as necessidades, mesmo que não se saiba quais são.

Pior ainda é quando essas expectativas estabelecidas pela relação com o Divino não são plenamente atendidas. Aí, rola a rebeldia e a negação. O sujeito pensa: "Mas eu fiz tudo direitinho, segui estritamente o caminho que me indicaram e ainda assim não consegui o que desejava." Claro que não, porque Deus não é previsível e nem sempre o que a pessoa acredita estar precisando é o que realmente precisa. Muitas vezes, uma situação de infortúnio é, na verdade, um livramento, uma bênção ou uma oportunidade para se alcançar um novo conhecimento, um novo estágio da existência. A relação com o Divino, para ser verdadeira e amorosa, deve ser desapegada. Não pode ser uma relação de troca nem deve envolver expectativas.

Muitos são aqueles que praticam a religiosidade por medo. Querem garantir o futuro depois da morte. Talvez pensem que poderão ter todo o conforto de que precisam se forem "bonzinhos" com a divindade. Morar numa boa casa e estar feliz e realizado, no além. Minimizam os fracassos na vida, projetando uma existência mais plena depois da morte. Assim, deixam de se empenhar pela realização na vida. Essa atitude não deixa de ser uma forma de fuga, dos fracassos que todos têm que viver como experiência natural de se estar encarnado na matéria.

Esse conceito de salvação, sobretudo nas religiões cristãs, também é um mecanismo de domínio. Acreditar sem questionamento. Se alguém não frequenta a missa católica, um culto evangélico ou uma sessão espírita e não se submete aos dogmas estabelecidos, estará condenado. Não terá a recompensa da próxima vida que só é dada às ovelhas "politicamente corretas" e aos crentes. A alma estará condenada à danação dos infernos ou ao sofrimento eterno. Na realidade, isso é um engano sem fim e um sofrimento inútil.

Esses conceitos são antagônicos às próprias palavras do Mestre Jesus. Indagado sobre onde estaria a salvação, o Paraíso Celestial, respondeu: "O Reino dos Céus está dentro de vós." E ainda destacou que, "se alguém não nascer de novo, não verá o Reino dos Céus". Indicava aos seus seguidores o caminho do autoconhecimento. Só quem conhece verdadeiramente a imensidão do universo interior da alma e do espírito será capaz de alcançar o Reino dos Céus ou a realização.

Jesus não projetou esse Reino para o futuro, nem para uma próxima vida, mas para o aqui e agora. Se esse Reino está dentro de nós, então, que nos voltemos para o nosso interior para acessá-lo. Em sua infinita misericórdia por seus discípulos e seguidores, Jesus ainda avisou que, ao acessar o universo interior, cada um passaria por grandes transformações. Quem empreendesse essa jornada de autoconhecimento, viveria um novo nascimento ou nasceria novamente.

Portanto, seguir cegamente uma religião por medo, e não por amor, é uma fuga do próprio Ser Divino que habita cada um dos viventes. Uma negação, inclusive, do próprio conceito da palavra religião (*religare*), que significa estabelecer uma ligação com o mistério divino, e isso só pode ser real e verdadeiro através da vivência direta de Deus. Não como um conceito abstrato, mas como uma experiência de realização.

Nesse sentido, as religiões orientais criaram instrumentos para facilitar o religare. Propiciando a experiência direta dos seus devotos com a divindade, através da meditação. Um caminho para percorrer os caminhos interiores e despertar a consciência do Ser, que é a verdadeira natureza da humanidade.

A dúvida e o sofrimento são gerados pela ignorância. Enquanto não conhecermos nossa verdadeira natureza, estaremos condenados a padecer. Somos filhos da Criação e, portanto, temos no nosso DNA todos os matizes do próprio Criador. Nossa união com o Divino é natural e hereditária. Um filho sempre carrega dentro de si os genes dos pais. Espiritualmente falando, o mesmo acontece com os seres humanos que estão destinados a ser Um com Deus.

"A salvação está na coragem de ser quem somos."

Conversei com Prem Baba sobre essa questão da salvação da alma, durante a viagem que fiz com ele, a Ganganagar, no Rajastão, para visitar os seus discípulos indianos. Perguntei:

Prem Baba, como você entende esse conceito de salvação?

Sinto que as pessoas, de forma geral, estão em busca da salvação porque se sentem condenadas. Elas carregam uma profunda culpa em relação às escolhas que fizeram na vida. E, justamente por conta disso, elas se sentem atormentadas. É uma vida de tormento gerado pela culpa por não poderem ser elas mesmas. Eu sinto que, na base dessa condenação, está a religião distorcida, que acabou, de certa forma, ensinando às pessoas, ao longo dos milênios, que não podem ser elas mesmas, que precisam seguir um determinado protocolo, um modelo para poderem ser aceitas nos Céus. E isso acabou fazendo com que as pessoas se prendessem ao conceito do que é certo e do que é errado. Vivem uma culpa por acharem que estão errando, pecando. Buscam uma salvação que nem elas mesmas entendem do que se trata. Porque estamos falando de uma estrutura mental criada por crenças e conceitos. Mas existem o tormento e o sofrimento, e a pessoa quer se ver livre deles. Tenho ensinado que essa salvação está aqui e agora, não está em um lugar no futuro. É possível, e só é possível, na verdade, viver o Céu aqui e agora enquanto se está encarnado, mas para isso a pessoa precisa se libertar de todas essas estruturas mentais e condicionamentos. Precisa ter a coragem de ser ela mesma e trazer para a consciência aquelas partes que ficaram relegadas e escondidas nas sombras do medo e da ignorância. A pessoa precisa conseguir ter a coragem de ser íntegra, total, de estar inteira, sem precisar esconder partes dela mesma, da verdadeira consciência que está no comando de sua personalidade. Então, sinto que a salvação está na verdade e na coragem de cada pessoa ser ela mesma. A salvação está na coragem de ser quem somos, acho que essa é a frase que fecha essa questão. E para as pessoas assumirem quem realmente são, é necessária uma revolução de consciência, um processo de desprogramação e de libertação de muitas verdades emprestadas. É necessário se desfazer de um sistema de crenças que foi adquirido para poder ser aceito, para poder ser amado. Para a pessoa sentir que tem um lugar no mundo e se sentir salva da dor do abandono, da dor da rejeição, da dor da exclusão. Para ser salva dessa exclusão, ela acabou se submetendo e criando uma realidade paralela que é o que a impede de viver a salvação maior: ter a alma liberada para seguir o fluxo da vida.

Existem alguns conceitos religiosos de que a salvação está condicionada às questões morais e a um comportamento socialmente aceito e esperado de cada um. O que você pensa sobre isso?

Isso foi um grande mal que algumas religiões, que considero distorcidas ou degeneradas, acabaram fazendo ao ser humano neste mundo. Elas acabaram sendo uma espécie de dique de contenção, um limitador da expressão natural do Ser. Considero que pecado mesmo é não amar. Porque, quando você não ama, se afasta da sua divindade, se afasta do Deus que está dentro de você. Acaba fechando o canal e machuca a si mesmo e ao outro. Então, o pecado é não amar, o restante é muito relativo, porque o que é errado para um é certo para outro, o que é pecado para um pode ser importante para o outro e assim por diante. Tem algumas questões morais que se relativizam, de acordo com o momento, circunstância e lugar. Por exemplo: sabemos que é errado matar, segundo todos os códigos morais, religiosos etc. Isso vai contra o princípio da vida. Mas, de repente, alguém que vai pra guerra e tem que matar pode virar um herói. A pessoa é condecorada por estar matando. Percebe como tudo é muito relativo? Então, a questão é se você está seguindo um código moral que está vindo de fora ou um código moral que está vindo de dentro. De onde vem essa regra do que é certo e do que é errado? De dentro da sua consciência ou está vindo de fora? Esse é o ponto mais importante e delicado desse processo. As pessoas, de forma geral, levam a vida com base em leis que vêm de fora. E elas se submetem porque precisam viver em sociedade, ser aceitas, mas nem sempre é aquilo que elas estão sentindo. E, aí, começam a criar uma série de desequilíbrios.

Mahatma Gandhi dizia: "A moral é humana e a verdade é divina." O que você acha dessa afirmação?

Perfeita! Eu acho que é por aí. A moral acaba sendo criada pela mente humana para atender uma necessidade social, mas nem sempre ela está atrelada à verdade maior do coração. Agora, eu considero que exista uma moral cósmica, uma moral Dhármica, uma moral que vem do coração. Porque, quando você realmente está alinhado com o seu coração e sintonizado com essa verdade, percebe que existe mesmo uma certa moralidade que não é imposta, mas que promove uma harmonia na vida. Por exemplo: o amor tem suas leis e suas ordens. Eu considero que isso é uma expressão da verdade maior. A gente pode até brincar com as palavras e chamar isso de moralidade cósmica ou moralidade Dhármica.

E quem está alinhado com o amor está se salvando aqui mesmo, no presente?

Exatamente. E está pavimentando o seu caminho para a ascensão espiritual, para os reinos celestiais, para os reinos divinais, com certeza. Porque só vai acessar os reinos superiores da consciência quem estiver no Céu, aqui e agora. Se está no Céu, no presente, terá o seu lugar garantido nos mundos superiores. Mas se está no Inferno aqui e agora, como é que você vai acessar os mundos superiores? Então, percebe como tem aí uma pegadinha nessas religiões distorcidas? Elas dizem que os seus seguidores podem estar no Inferno aqui, mas que no futuro estarão no Céu, terão o seu lugar garantido. Para essas religiões, a salvação está lá e não aqui. Mas isso não é possível, não é nem mesmo lógico. Uma macieira só pode dar maçã. Ela não pode dar outra coisa. E assim por diante. Essa é uma regra básica da vida. Cada um se desenvolve a partir do ponto em que está. Se alguém está no Céu aqui e agora, é claro que quando deixar o corpo seguirá para os mundos mais elevados. Mas, se está aqui completamente atado, preso aos condicionamentos mentais, que chance tem?

E vai sofrer com o desencarne (a hora da morte)?

Com certeza. E vai ter que voltar para continuar, até poder se libertar. Então, realmente, este lugar aqui, este planeta, é mesmo para realizarmos a salvação. É aqui que a gente realiza. Quem está salvo consegue estar presente aqui e livre da mente condicionada. Porque a salvação é a libertação da mente condicionada. É importante deixar isso claro. Todo inferno e todo aprisionamento vem da mente condicionada, dominada pelo ego. Mas quem está livre disso está salvo da mente e até da possibilidade de ter que reencarnar aqui neste lugar, que é tão denso e desafiador.

6. A CURA FÍSICA E ESPIRITUAL

Existem infinitos motivos que fazem uma pessoa trilhar um caminho de conhecimento espiritual, seja ele qual for. Pode ser uma necessidade de completar um ciclo cármico existencial de outras encarnações, um desconforto com o seu estilo de vida, e a consequente necessidade de fazer mudanças, ou porque está precisando de um encontro consigo mesmo. Mas, nas minhas experiências pelos mais diversos caminhos espirituais em que andei, um ponto da busca sempre foi recorrente: a cura, seja ela espiritual ou física.

A doença, em seus diversos aspectos, acaba sendo um estímulo para mobilizar as pessoas à transformação. O medo da morte e de alguma incapacidade ou limitação física apavora os seres humanos. Como nem sempre a medicina tradicional consegue encontrar a cura para o padecimento físico de alguém, o caminho espiritual se apresenta como uma alternativa, uma tábua de salvação.

Outras vezes, a doença pode ser psíquica e representar um tormento. Existem estágios de perturbação mental que se tornam insuportáveis e, possivelmente, piores que as mazelas físicas. Assim, mais uma vez, o caminho espiritual surge como a possibilidade de acontecer um milagre, uma transformação capaz de restabelecer a paz e a harmonia de uma pessoa. Sejam problemas de vício em drogas ou neuroses desenvolvidas pela insatisfação do viver, o importante é que a desarmonia acaba sendo uma mola propulsora em direção à espiritualidade e, ao universo invisível, uma esperança para curar aquilo que a medicina tradicional não dá conta.

Espiritualmente falando, a cura é um dos maiores instrumentos de autoconhecimento à disposição dos buscadores. É um entendimento fino que transita entre a vida e a morte. Curar-se, na realidade, não significa simplesmente vencer uma doença, o sentido é muito mais amplo. Alguém pode abandonar o corpo (morrer) estando perfeitamente saudável e também pode viver estando o tempo todo doente. A doença é um estado de ignorância, de desconhecimento de si mesmo.

Curar-se significa conhecer o verdadeiro Ser. Quem alcança esse estado de consciência pode um dia abandonar o corpo, mas jamais morrer. A vida é eterna para quem conhece a si mesmo e, portanto, conhece a Deus. O sofrimento que gera a oportunidade para que as doenças se alojem nas pessoas é fruto do desconhecimento. E, para quebrar esse ciclo de sofrimento que condena os seres humanos à morte, é preciso se conhecer. Aprender a olhar para dentro e entender a energia divina que transita pelo nosso corpo por meio de 72 milhões de nadis (*sutis funículos espalhados pelo corpo humano, condutores das energias cósmicas*).

O método de autoconhecimento que tem sido ensinado por milhares de anos, pelos mais variados mestres, é a meditação. Esse é um caminho seguro para percorrer as paisagens interiores do nosso Ser. E quem tem consciência desse universo infinito interior está conectado com realidades superiores, está desperto. O corpo é só um invólucro para abrigar momentaneamente o espírito no mundo material. Assim como a pequena semente contém a beleza da flor ao desabrochar, nosso corpo é a morada da alma que um dia irá florescer para integrar-se ao Cosmo. Então, quem quiser se curar, estando doente ou não, precisa se autoconhecer.

Doença: um indicativo da volta ao Ser integral

Como Prem Baba é terapeuta e curador, resolvi questioná-lo para entender sua visão sobre a cura, seja no aspecto físico ou no espiritual. Nos Satsangs que acompanhei, fica clara sua intenção de estimular seus seguidores à transformação e, consequentemente, à cura. Suas palestras são carregadas de elementos relacionados às causas das doenças do corpo, da mente e do espírito.

Nas minhas observações, durante os Satsangs, percebi que Prem Baba mexe profundamente com as feridas escondidas dos seus seguidores. Não por sadismo, mas, ao contrário, para trazer à luz partes dos corpos físicos, psíquicos e espirituais que estão se deteriorando imperceptivelmente e podem gerar sérias doenças em um futuro próximo. Ele acende um farol para uma navegação mais segura, dos seus discípulos, em um mar repleto de ondas violentas e rochedos pontiagudos. Tenta evitar o naufrágio dos incautos, por desconhecimento da verdadeira rota que leva ao porto seguro do Ser integral.

Então, perguntei ao Prem Baba:

Sinto que, em sua busca espiritual e ao se encontrar como guru, a questão da cura sempre foi bastante relevante. Você recebe pessoas de todos os níveis sociais e formações intelectuais e espirituais. Procura orientar a todos para a melhoria da qualidade da vida no corpo e no espírito. Muitas chegam até você desesperadas em busca de uma tábua de salvação. Elas querem acreditar em um milagre que só a espiritualidade pode proporcionar. Como você avalia esse processo de cura física e espiritual?

Considero que a cura é uma forma de se aproximar de Deus e de encontrar a salvação, no momento presente. Mas, para falar de cura, temos que falar, também, de doença. Isso é inevitável. Quer seja uma doença física, emocional ou psíquica, quer seja, até mesmo, uma perturbação espiritual que a pessoa esteja vivendo. Isso tudo pode ser considerado doença.

Compreendo a doença como um sintoma gerado pelo afastamento da natureza. À medida que a alma se distancia da própria natureza e a pessoa é impedida de ser ela mesma, começa a adoecer. Então, aquele sintoma está apontando um caminho, mostrando onde a pessoa está distanciada dela mesma. Ao mesmo tempo em que a doença é um sintoma, também é um caminho de volta para encontrar-se consigo mesma e com sua verdadeira natureza.

Na verdade, é um indicativo para se saber o que está acontecendo com a pessoa. Então, quando ela busca a cura, está procurando, de novo, essa harmonia com a sua verdadeira natureza. Quando ela está à procura da cura, está buscando a si mesma, em toda a sua plenitude. Está procurando partes de si mesma que relegou ao plano das sombras, escondeu debaixo do tapete, por inúmeras razões. Pode ter sido reprimida, porque alguma parte dela não era aceita no meio em que se desenvolveu. Por alguma razão, precisou esconder uma parte natural do seu ser, porque não chegou a um acordo com o mundo à sua volta. Não encontrou sua harmonia e acabou se envergonhando por ser quem realmente é. O fato é que alguma parte dentro dessa pessoa ficou escondida. Assim, ela resolveu mostrar para o mundo somente uma parte, que é aceita e reconhecida. Só que aquelas partes que ficaram escondidas acabaram caindo numa instância psicológica que chamamos de inconsciente. Perdendo o contato com as partes escondidas, acabou perdendo, também, a consciência do seu Ser integral, e começou a adoecer. Então, a cura é um resgate dela mesma e das partes que se perderam no caminho da conveniência social para a sobrevivência. A própria doença está indicando o caminho para o resgate dessas partes fragmentadas e escondidas que foram perdidas, durante a jornada da sua existência.

Cura: entre a fé e o milagre

Prem Baba continuou:

Agora, o processo de cura em si acontece de muitas maneiras diferentes. Eu compreendo que, no mais profundo, a cura é um milagre da vida, por ser uma oportunidade de a pessoa se harmonizar de novo com a vida, com a sua natureza e com o seu verdadeiro Ser. Então, a cura é Deus quem dá e quem determina, de diferentes maneiras. Às vezes, através das mãos, da sabedoria de um médico da matéria, que aparece na hora certa e tem o conhecimento científico para poder ajudar uma pessoa. Às vezes, vem através de um milagre. Eu já vi muitos milagres acontecerem. Porque, naquele momento de sofrimento e desespero, a pessoa, por alguma razão, se tornou merecedora da graça. Ela pôde amadurecer em alguns aspectos do seu universo interior e conseguiu fazer renascer a energia vital. Ao se tornar receptiva às transformações, a graça operou o que tinha que operar e concedeu a ela uma bênção, uma nova oportunidade e o dom da cura.

A cura é multidimensional. Ela pode acontecer em diferentes instâncias e, às vezes, também em etapas. Só em dar um passo em direção à cura, a pessoa doente já sentirá os benefícios. Mas, mesmo que se sinta melhor, ainda não aconteceu a cura completa. Ela consegue andar um pouco mais, depois alcança mais uma camada de cura, e assim vai indo. Até que, algumas vezes, acontece de ela receber uma cura completa. Ou não. Muitas pessoas realmente abandonam o corpo (morrem) bem doente mesmo, numa situação deprimente, porque se desconectaram demasiadamente de si mesmas.

E o que acontece quando a pessoa abandona o corpo (morte) que está muito depauperado pela doença?

Quanto mais doente estiver o corpo, significa que maior foi o esquecimento de si mesmo e do seu verdadeiro Ser. O que eu tenho percebido, falando com os olhos do espírito, utilizando minha visão espiritual, é que essa pessoa continua padecendo muito do outro lado (depois do desencarne). Sofre muito nos infernos da sua própria ignorância e continua ali, expiando suas culpas. E volta para continuar aquilo que deixou de realizar. Ela deixou contas abertas consigo mesma e com os outros. E ela tem que, de alguma forma, fazer uma reparação. Acredito que o processo do viver é contínuo porque tenho a visão da reencarnação. Eu sei que muitos questionam e algumas religiões condenam, mas não estou falando com base em crença, e sim nas minhas experiências. Pude comprovar a realidade da reencarnação através dos mundos internos, nas minhas meditações, nas minhas experiências místicas.

A cura que transcende a morte

Existem também casos de pessoas que recebem uma cura, mas mesmo assim desencarnam?

Com certeza. A pessoa recebe uma cura e desencarna porque tem que desencarnar de alguma maneira. A alma tem que sair do corpo de alguma forma, para continuar sua jornada. Então, às vezes, a pessoa até recebe a cura, mas o corpo dela ainda está adoecido, está machucado, mas a alma está livre. Só não houve tempo hábil para aquela cura que aconteceu no nível sutil se manifestar também no corpo físico. Porque tudo que acontece no plano sutil tem um reflexo natural no plano físico. Existe, ainda, a questão de que já havia expirado o prazo de validade daquele corpo. Estava mesmo na hora de aquela pessoa ir embora. De alguma maneira, ela tinha que sair, porque existe um carma físico que se manifesta através do corpo.

Vemos, inclusive, mestres espirituais que deixam o corpo doente. Quem é espiritual sabe reconhecer outra pessoa espiritual, e eu já tive a chance de ver seres realmente iluminados que deixaram o corpo que estava bastante doente. O meu próprio mestre espiritual, por exemplo. Ele estava com uma inflamação, infecções e vários problemas. Sathya Sai Baba também estava bem doente quando abandonou o corpo. Assim como outros mestres que conheci, eles deixaram os corpos bem doentes. Tudo bem, isso fez parte do jogo deles. É outra esfera que não está mais no nível dos homens comuns, porque existem outras questões. Às vezes, um mestre puxa para o corpo dele muitas coisas dos devotos, do carma coletivo e do mundo. Principalmente na hora em que está indo embora, acaba completando sua jornada física com um ato de caridade, trazendo para si o sofrimento de outras pessoas, para transformá-lo. É mais um ato de compaixão. Puxa tudo para o seu corpo antes de ir embora. Já que ele está indo, aproveita e faz uma varredura, uma faxina até onde ele pode. Isso acontece, mas já é outra esfera do fenômeno.

Prem Baba, você capta para transformar o carma negativo dos seus devotos?

Eu me considero, muitas vezes, um lixeiro. Um lixeiro no sentido mais objetivo da palavra mesmo, porque eu tenho esse dom e, ao mesmo tempo, é o meu Propósito. Então, por onde eu passo, limpo. Por onde ando, vou limpando o ambiente. Vou captando com meu corpo e alquimizando, transformando aqui no meu corpo. Às vezes, levo dias para alquimizar tudo o que capto, dependendo do que é.

Nesse processo, você sente dores, mal-estar?

Às vezes, sim. Dependendo do que estou captando, eu demoro para digerir. É como se fosse a digestão de um alimento pesado. Por exemplo, quando estou trabalhando para ajudar uma pessoa a se libertar de um câncer. Fico com aquilo no meu estômago um tempão, até a pessoa se curar. Estou captando um carma pesado, problemas terríveis de crueldade, de violência, brigas familiares, contendas, uma série de coisas em que estou trabalhando para ajudar. Porque um mestre espiritual, especialmente no nosso caso, uma tradição guru-discípulo, precisa deixar o caminho do guru limpo, sempre. Eu não posso macular o caminho do guru. Então, se um devoto faz um pedido sincero, eu tenho que atender, mesmo que isso custe um pouco para mim e tenha que fazer um sacrifício para poder abrir o seu caminho. Porque, às vezes, ele não tem o merecimento cármico de ter aquele pedido atendido. Mas, como ele foi sincero na devoção, acabo transformando aquele carma dele, dentro de mim, para poder dar a ele o que está pedindo. Para poder deixar o caminho do guru sempre limpo.

7. A MÁSCARA ESPIRITUAL

É preciso estar alinhado com o caminho espiritual, seja ele qual for, para vivenciar os conhecimentos e fazer as transformações necessárias à própria vida. Mas isso não pode nem deve ser motivo de orgulho e de vaidade. Ninguém é superior ao outro por ter encontrado sua senda para a autorrealização. Ao contrário, quem adquire o verdadeiro conhecimento espiritual, naturalmente, se tornará mais humilde e desapegado das aparências e dos julgamentos externos. Como diz Prem Baba: "O outro não existe."

Essa frase pode parecer egoísta, mas tem um significado profundo. Quem, através da sadhana, da disciplina espiritual, da meditação e da devoção, alcança a Unidade com o Ser deixa de ver o mundo dividido. Tudo passa a fazer parte do todo. Então, "o outro" é também parte do mesmo Ser, está contido na Unidade. As ações e os julgamentos do "outro" não podem incomodar quem está estabelecido na consciência divina.

Em um de seus discursos, Osho também fala do "outro". Ele sugere que o "outro" é como um reflexo do nosso espelho interior, que não pode nos afetar verdadeiramente. Se cessarmos os julgamentos a respeito do "outro", que é apenas um reflexo, essa imagem ilusória não poderá nos causar danos. Um reflexo não existe verdadeiramente, ele é apenas a projeção de uma imagem que está em nosso interior. Assim, o "outro" só nos incomodará se o que temos em nosso interior estiver contaminado pelo julgamento provocado pela dualidade.

Prem Baba contou, em um dos seus satsangs, em Rishikesh, uma história que ilustra bem essa questão. Uma devota do seu Guru Maharaj Ji se sentia discriminada e perseguida por outros participantes da Sangha. Achava que não lhe davam o devido valor e foi reclamar com o Mestre. Contou dramaticamente sua situação, seu sofrimento, enquanto Maharaj Ji apenas observava, em silêncio, sua narrativa. Ao final, o Guru Sachcha sentenciou a solução para o drama: "Menina, acorde, isso foi apenas um sonho."

Eu mesmo vivi algumas experiências durante a minha busca espiritual que servem de exemplo para entender essa questão, da máscara espiritual. Os Satsangs de Prem Baba, na temporada de 2017, em Rishikesh, estavam a cada dia mais lotados. Assim, a disputa pelos melhores lugares para assistir às palestras do Guru era intensa. Todos queriam ficar o mais próximo possível do Mestre, ter uma visão privilegiada, mas as dimensões da sala não eram suficientes para que todos pudessem sentar-se com conforto.

Convenientemente, comecei a me colocar nas cadeiras no fundo do salão. Algo me fazia pensar que aquele era o meu lugar. Além disso, tinha criado a ilusão de que permanecer, por quase três horas, sentado no chão em postura de lótus fazia as minhas costas doerem terrivelmente. Um dia em que o salão estava excessivamente lotado, uma devota brasileira que fazia a fiscalização do trabalho veio até mim e me pediu para sair daquele lugar. Não foi de maneira muito educada e, pior ainda, a intenção dela era colocar um amigo seu na cadeira onde eu estava sentado. Falando em inglês (não sei porquê), ela explicou que as cadeiras estavam reservadas para as pessoas que tinham dificuldades físicas, ainda que o seu amigo fosse um jovem bastante forte.

Minha reação foi imediata. Rebelei-me e me neguei a sair. Seguiu-se uma discussão. A devota argumentou que era uma das primeiras seguidoras de Prem Baba e, portanto, tinha que ser obedecida. Rebati ironicamente, dizendo que, apesar de ela estar seguindo o Guru há tanto tempo, não tinha aprendido muita coisa, e a prova estava naquele comportamento arrogante, que me incomodava. Resumindo, não saí da cadeira e, durante o transcorrer do Satsang, trocamos alguns olhares desafiadores, estabelecendo-se uma guerra de egos. Aquele acontecimento ficou ecoando em minha mente e acabou, num primeiro momento, me atrapalhando.

Eu não sabia se tinha feito o correto. As dúvidas começaram a me incomodar. Afinal, não tinha viajado milhares de quilômetros até a Índia para ter discussões banais sobre lugares. Menos ainda, para saber quem tinha mais prestígio com o Guru. No auge daquele embate interno, recebi uma mensagem, pelo canal mediúnico, para que me sentasse no chão, no próximo Satsang. Apesar do receio que eu tinha de sentir dor nas costas, cumpri a determinação. O mantra cantado antes da chegada de Prem Baba era dedicado à Deusa Durga. Entrei em profunda meditação durante o canto e tive contato com a entidade divina, a consorte de Shiva, na sua forma misericordiosa de Durga.

Durante a comunicação, lembrei que no dia anterior havia estado num templo e meditado, justamente, diante da imagem de Durga. Senti uma paz e uma devoção enormes pela figura feminina da Mãe Divina. Um conforto em relação ao turbilhão de pensamentos conflitantes. Durga, no Satsang, purificou os meus sentimentos de rancor e dúvida. Fez fluir, de dentro de mim, uma luz regeneradora e mostrou a banalidade da situação em que me envolvera. Essa força clareou meus pensamentos e se manteve, dentro de mim, durante todo o Satsang.

Ao final do Satsang, eu estava com minha gratidão e meu amor transbordantes com o contato divino. Então, veio a orientação para que eu comprasse, ao sair do salão, a primeira imagem ou representação de Durga que encontrasse, para me proteger. Como as lojas nas ruas de Rishikesh são repletas de imagens e estátuas de todos os deuses védicos, sabia que não seria difícil. Pensei: "E se a primeira imagem que eu encontrar for uma estátua de Durga em bronze ou outro metal nobre? Isso custará uma fortuna!" Mesmo assim, decidi que compraria qualquer uma e a qualquer preço. Seria fiel à instrução recebida.

Ao sair do Ashram Sachcha Dham, depois do Satsang, fui olhando as vitrines das lojas e as bancas dos vendedores ambulantes para encontrar Durga, mas nada. Ao atravessar a ponte Laxmanjula, na praça de Shiva, havia uma banca colada a um templo. Olhei para as peças e encontrei uma medalha de Durga. O preço era de 5 rúpias, equivalente a alguns poucos centavos de dólar. Comprei a medalha e a coloquei presa ao meu Japa Mala. Fiz um ritual para a Ganga, nas margens do rio Ganges, para abençoar a medalha, e todas as dúvidas desapareceram sobre esse caso. Assisti aos outros Satsangs de Prem Baba, sempre sentado no chão, e as minhas costas não doeram mais.

Senti gratidão pela devota que me aborreceu. Sem saber, ela me propiciou um estudo sobre o ponto em que me encontrava na jornada espiritual. Possibilitou um encontro com a minha divindade interior, manifestada na forma de Durga. A situação incômoda e aparentemente banal confrontou meu ego, ou seja, revelou a máscara espiritual que eu estava usando e me impedindo de acessar estágios mais avançados do meu Ser.

"É preciso ser e não parecer"

O Padrinho Sebastião Mota de Melo, um dos mestres da floresta do Santo Daime, ensinava aos seus discípulos a humildade e o desapego. Apesar de não o ter conhecido encarnado, tive a oportunidade de editar dois livros sobre os seus ensinamentos, produzidos por Alex Polari de Alverga: *O guia da floresta* e o *Evangelho segundo Sebastião Mota*. Então, ouvi e transcrevi centenas de palestras dadas pelo Padrinho aos seus seguidores, o que proporcionou uma proximidade e identificação com o seu Ser e o seu conhecimento.

Ele era um homem simples, um ex-seringueiro e construtor de canoas, com espantoso dom profético. Os seus Hinários, *O Justiceiro* e *A Nova Jerusalém*, que tive oportunidade de cantar muitas vezes, sob o efeito da ayahuasca, são um testemunho vivo da batalha espiritual que ocorre dentro de cada um.

Tive incontáveis contatos mediúnicos com o Padrinho Sebastião durante os mais de vinte anos em que frequentei os trabalhos espíritas do Daime. Ele era (ainda é) um verdadeiro curador. Se eu tivesse que resumir tudo que aprendi com Sebastião Mota, usaria apenas esta sua frase: "É preciso ser e não parecer."

Tive a oportunidade de vivenciar esse conhecimento do Padrinho Sebastião. Numa ocasião, há muitos anos, quando ainda era o editor do selo Nova Era, fui participar de um feitio de ayahuasca, em Visconde de Mauá, no Céu da Montanha. O lugar onde se preparava a sagrada bebida ficava no alto de uma montanha da Mantiqueira. Cheguei animado para dar minha contribuição ao trabalho, que era comandado por Alex Polari.

Depois de realizar várias funções no preparo da bebida, comecei a ajudar, com orgulho e entusiasmo, a colocar lenha no fogo da fornalha onde se cozinhava o sacramento. Um dos feitores, entretanto, me repreendeu. Alegou que eu estava exagerando na lenha, que o fogo tinha ficado muito alto e poderia queimar o cozimento do cipó com a folha. Aquilo quebrou o meu orgulho de estar sendo útil. Pensei: "Estou aqui, espontaneamente, dando a minha contribuição, e vem esse cara cortar minha onda." Meu orgulho transbordou e, abruptamente, decidi que me retiraria do trabalho para não me aborrecer mais.

Saí como uma flecha da casinha de preparo e fui subindo a montanha para ir embora, sem falar nada para ninguém. Quando cheguei ao topo, um vento soprou fortemente e me envolveu por inteiro. Parei para respirar e contemplar a paisagem quando ouvi uma mensagem mediúnica, irônica: "Então, quer dizer que agora você entende de fornalha? Não é mais um editor de livros, mas um verdadeiro foguista!" Fiquei gelado e entendi a estupidez do que eu estava fazendo.

Senti vergonha da minha atitude intempestiva, reflexo do meu ego ferido. Fiquei paralisado, sem saber o que fazer. Então, novamente, a voz me falou, pelo canal mediúnico: "Também não é preciso sentir vergonha. Isso faz parte do aprendizado. Nem o orgulho nem a vergonha podem te ajudar na sua evolução."

A máscara espiritual é uma ilusão criada pelo ego

O caminho espiritual não pode ser uma fuga para acomodar o ego. Quem verdadeiramente se conecta com os guias instrutores do Astral não precisa tocar trombetas anunciando sua evolução. Muito menos viver um personagem com o estereótipo de iluminado, enquanto as sombras internas continuam a travar batalhas com o verdadeiro Ser. Errar, cair, levantar e seguir fazem parte da jornada de um buscador. A Iluminação virá a seu tempo. Não há como apressar a corrente do rio para alcançar o oceano.

Uma vez, conversando com um dos devotos indianos de Prem Baba, Mr. Manoj, perguntei sobre essa questão da Iluminação. A resposta dele foi seca: "Iluminação é coisa do ego." Então, não adianta usar uma máscara para demonstrar um estágio espiritual em que ainda não se está. Isso é enganar a si próprio. Uma maneira de justificar fracassos em outras atividades da vida. Uma troca, de um falso personagem insatisfatório por outro, ainda mais falso.

Tem uma história que Osho contava aos seus discípulos que ilustra bem essa questão. Um peregrino teria um encontro com Deus. Caminhava pelo bosque, em direção ao Céu, para a entrevista com o Divino, quando se encontrou com um sadhu que praticava austeridades. Jejuava, fazia mortificações, rezava e entoava mantras o tempo todo, havia se desfeito de todos os bens materiais, à espera da Iluminação. Então, o peregrino que passava lhe disse: "Olha, sadhu, eu estou indo me encontrar com Deus, você quer que eu pergunte algo a Ele?" O sadhu respondeu: "Pergunte a Deus em quantas vidas mais terei que reencarnar para me iluminar." Assim, o peregrino seguiu o seu caminho e, mais adiante, encontrou um dervixe que bailava em rodopios, debaixo de uma árvore, em êxtase. Ele, então, falou ao dervixe: "Você quer que eu pergunte algo a Deus, dervixe?" Ele olhou o peregrino com certa indiferença e respondeu: "Não tenho perguntas para Deus."

Na volta do seu encontro com Deus, o peregrino encontrou o sadhu, que estava ansioso por saber a resposta da sua pergunta. Então, o peregrino lhe disse: "Deus disse que você terá só mais duas encarnações, depois desta, para se iluminar." O sadhu se revoltou: "Mas como? Eu faço todo tipo de austeridade, não paro de repetir o nome Dele e, ainda assim, terei que esperar tudo isso para me iluminar?" O sadhu se levantou, saiu xingando e amaldiçoando.

O peregrino prosseguiu e encontrou, novamente, o dervixe. "Olha, dervixe, você não quis perguntar nada a Deus, mas eu fiz a mesma pergunta, a seu respeito, que o sadhu pediu pra fazer por ele. Perguntei a Deus quantas vidas você ainda precisará para se iluminar." O dervixe ficou olhando em silêncio para o peregrino, que então lhe revelou: "Você precisará de tantas vidas para se iluminar quantas folhas existem nesta árvore (que tinha milhares de folhas)." O dervixe olhou para o peregrino, abriu um enorme sorriso e, antes de voltar a rodopiar, exclamou: "Que maravilha!", continuou sua dança sagrada e se iluminou imediatamente.

Tirando a máscara para encontrar o Ser

Eu tinha ouvido o Prem Baba, nos seus Satsangs, se referir várias vezes à máscara espiritual. Era fácil entender os motivos pelos quais o Guru avisava aos seus seguidores sobre essa questão. Muitos ficavam deslumbrados pelos supostos conhecimentos adquiridos e se comportavam de maneira arrogante. Assim, corriam o risco de perder o verdadeiro Propósito da jornada.

Conversei com Prem Baba sobre a máscara espiritual.

Prem Baba, há algumas pessoas que projetam uma vaidade por estarem no caminho espiritual. É possível fazer uma comparação com certos artistas que, a cada sucesso alcançado, se sentem superiores, especiais. Esses buscadores acabam estilizando um comportamento, idealizando a espiritualidade. Alguns tentam, inclusive, projetar uma maestria que ainda não possuem. Isso é o que você chama de máscara espiritual? Por que isso acontece?

O que eu chamo de máscara espiritual é um aspecto do orgulho humano, um mecanismo de defesa muito sofisticado e bastante articulado. O orgulho é muito complexo. Tem desde um orgulho mais simples, uma soberba, uma arrogância, uma vaidade, até aspectos mais complexos e sutis que, facilmente, se passam por consciência. Às vezes, somente uma pessoa acordada consegue discernir que se trata de orgulho e não de consciência. E justamente esse orgulho gera aspectos como a máscara espiritual, que é uma distorção de um atributo divino chamado serenidade. Funciona mais ou menos assim: quando a pessoa está se desenvolvendo em uma família ou grupo social, certos valores são enaltecidos. Ela considera que aquilo é importante para sua sobrevivência, mas não consegue expressar aquele valor de verdade, então, finge. Vamos supor que uma criança tenha se desenvolvido em um ambiente onde o valor do amor é enaltecido. Ela não consegue amar verdadeiramente e passa a fingir amar. Ela usa uma máscara de pessoa amorosa porque não conhece o amor. Essa criança entende que, se for amorosa, terá as suas necessidades atendidas. Será aceita, respeitada e considerada. Então, ela finge ser amorosa, por uma questão de adaptação ao ambiente em que vive.

Esse fingimento tem um custo, que é justamente a pessoa ter que arrastar na sua jornada um segredo carregado de culpa, que gera ansiedade, depressão, angústia, irritação e uma série de desconfortos. Ela está fingindo ser uma coisa que não é. Ela não é amorosa, mas está fingindo ser. Por trás da máscara de amorosidade, muitas vezes, essa pessoa é muito cruel. Bate no filho e na mulher. Mas, perante os outros, finge ser amorosa porque, com isso, consegue ter suas necessidades atendidas.

Existem distorções de muitos atributos divinos. E uma dessas distorções da serenidade e do conhecimento acaba se transformando nisso, que eu chamo de ego espiritual ou máscara espiritual. A pessoa finge ser mais elevada e espiritualizada do que as outras. Mas, na realidade, está fingindo para ela mesma. O problema maior desse comportamento é que, em algum momento, essa pessoa acaba acreditando ser a máscara. Sabe quando a pessoa mente tanto que acaba acreditando em sua própria mentira? É mais ou menos assim. Ela fingiu tanto que não sabe mais distinguir quem é ela, verdadeiramente, e quem é a máscara. Começou com uma tentativa de agradar, para ser aceita no mundo e para sobreviver, só que, com o tempo, ela acabou esquecendo de quem é. Perdeu a conexão e acabou acreditando ser aquela máscara. Na realidade, ela acredita mesmo ser uma pessoa muito especial, melhor que as outras e muito elevada, entende? Isso acontece porque se trata de uma pessoa que, normalmente, não se permite sentir, ter sentimentos humanos. Ela acha tudo isso aqui muito baixo. Ela pensa: "Isso é coisa para pessoas inferiores, eu estou acima disso tudo." Assim, manifesta arrogância e soberba, só que disfarçada de espiritualidade. Ela simula uma espiritualidade que não possui. Vemos isso no mundo o tempo todo. Especialmente com pessoas que acabam enveredando pelo caminho religioso ou espiritual, isso é muito comum. A pessoa se sente melhor do que os outros por estar trilhando um caminho, por ter feito uma escolha. Ela, às vezes, pode até mesmo ter tido algumas experiências místicas reais. Mas, na maioria das vezes, trata-se de uma criação de sua própria mente. Inventa ou aumenta a intensidade das suas experiências para se sentir ainda mais especial que os outros. E para tirar essa máscara espiritual de alguém, é difícil. Eu diria que é um dos mais complicados desafios para o buscador. Essa vaidade espiritual é uma distorção da verdadeira espiritualidade, representada pela serenidade.

Tem uma parábola no Evangelho de Jesus Cristo que mostra bem como a máscara espiritual acontece desde os tempos antigos. Numa Sinagoga, um fariseu e um publicano oravam ao Senhor. O fariseu, em pé, dizia no seu íntimo: "Deus, eu te agradeço porque não sou como os outros homens: ladrões, corruptos, adúlteros; nem mesmo como

este publicano, que está aqui ao lado. Jejuo duas vezes por semana e dou o dízimo de tudo quanto ganho." O publicano ficou a distância. Ele nem ousava olhar para o Céu, mas, batendo no peito, dizia: "Deus, tem misericórdia de mim, que sou pecador." Então, Jesus, explicando aquela cena, como conhecedor do coração dos homens, disse: "Eu digo que este homem (o publicano), e não o outro (fariseu), foi para casa justificado diante de Deus. Pois quem se exalta será humilhado, e quem se humilha será exaltado."

É por aí. Esse é um exemplo de uma distorção da espiritualidade, de um ego e de uma vaidade espiritual. O fariseu se sente acima e melhor do que o publicano, porque pensa conhecer a espiritualidade correta. E isso acontece nas religiões tradicionais. Mas quando vemos essa situação na via espiritual, é ainda mais complicado, porque a pessoa se acha iluminada. Tem a ilusão de que já chegou lá. Mas, se avaliarmos de perto essa pessoa, vamos ver que tem muita contradição dentro dela. Ela fala mal dos outros, tem muita inveja dentro de si e um ego enorme.

Qual sugestão você daria para uma pessoa que está trilhando o caminho espiritual saber se realmente está vivendo aquilo? Ter a certeza de que as experiências que está tendo são reais?

Olhando para as relações dessa pessoa. Especialmente, as relações mais íntimas, afetivas e sexuais. Esse é o melhor instrumento de aferição, porque não tem como a pessoa se enganar. Ela pode se achar iluminada como for, o importante é ver se a esposa ou o marido, os filhos e as pessoas mais próximas acham que ela está iluminada. Esse é o principal ponto de aferição.

Essa pessoa tem que estar emanando, realmente, algo luminoso para os outros?

Ela tem que ser coerente e íntegra. Não pode falar ou pregar uma coisa e fazer outra, completamente diferente. Não pode ser uma coisa fora, para os amigos, e dentro de casa, outra, entende? Que Iluminação é essa, se a pessoa, lá fora, consegue emanar amor e luz, mas dentro de casa maltrata quem está perto dela? Então, tem alguma coisa errada aí.

8. A POLÍTICA COMO INSTRUMENTO PARA A MUDANÇA DE CONSCIÊNCIA

Sempre que existe o declínio do Dharma (a ação correta)
e o crescimento do Adharma (a ação errada), então,
certamente, Eu me manifesto.
Para a proteção de pessoas direcionadas ao bem
e a destruição daqueles que fazem o mal, para o
restabelecimento do correto, em cada época, Eu nasço.

Trecho do *Bhagavad Gita*: Krishna ensinando
ao devoto Arjuna, diante de um campo de batalha.

A Linhagem de Gurus Sachchas tem como Missão principal o despertar da consciência divina em todos os homens e mulheres. São guardiões da atual Kali Yuga (Era de Sofrimento) trabalhando para que haja transformação. Ao mesmo tempo, são os guias para uma Nova Era de libertação da ignorância (Satya Yuga). Com suas práticas, eles emanam Iluminação para o autoconhecimento das pessoas, que é a única maneira para o despertar do sonho da ilusão.

Para realizar a Missão, os Gurus Sachchas sempre tiveram uma proximidade com o mundo político. Não porque os gurus almejassem algum cargo e poder mundano, mas por entenderem que, por meio da política, é possível operar grandes transformações na sociedade. Essa questão, inclusive, está contida na Sankalpa da Linhagem Sachcha. Sob o ponto de vista da espiritualidade, as ações das pessoas que comandam os países podem afetar o homem comum. Tanto no sentido positivo quanto no negativo. Por isso, alguns mestres espirituais atuam para influenciar os políticos a tomar decisões que ajudem as pessoas a viverem melhor.

Em sintonia com a sua Linhagem de Gurus Sachchas, Prem Baba tem atuado bastante junto aos políticos. Um dos seus principais objetivos é sensibilizar os personagens que influenciam as gestões do Brasil, para que coloquem o autoconhecimento como política pública. O Guru não tem se omitido em relação aos acontecimentos cotidianos. Optou por cumprir a sua Missão espiritual fazendo parte do mundo, e não isolado em uma caverna. Ele acredita que, influenciando os políticos para uma reflexão sobre os verdadeiros propósitos de sua função, poderá ajudar as pessoas comuns a descobrir uma nova maneira de viver.

Devido aos acontecimentos políticos escandalosos envolvendo corrupção, em várias nações do mundo, a política se tornou criminalizada. Decisões que visam somente o bem-estar pessoal de castas da elite têm prejudicado milhões de pessoas no planeta. A maioria dos políticos se esqueceu do verdadeiro Propósito de servir, faz da política um jogo para alcançar benefícios próprios e satisfazer suas vaidades. E, assim, essa classe acaba condenando os seus semelhantes ao sofrimento. Isso, no entanto, é uma distorção da política, que, na verdade, é um poderoso instrumento de transformação social.

Se os membros de uma sociedade têm as suas necessidades básicas atendidas, poderão, mais facilmente, trilhar o caminho do autoconhecimento. A conscientização dos indivíduos significa a melhoria do coletivo. A miséria, a fome, a exploração humana e as guerras só vão terminar quando as pessoas despertarem para a realidade espiritual e entenderem que não são apenas corpos e personalidades, mas herdeiras do Criador. A consciência de saber quem se é, de verdade, faz o Ter perder o sentido para o Ser.

Inspirando os políticos às ações corretas

Prem Baba, às vezes, é criticado por seus encontros constantes com os políticos. Como a atividade política está criminalizada no mundo atual, o fato de um mestre espiritual se aproximar das pessoas desse meio causa desconfiança. É visto com preconceitos e julgamentos.

Nesses encontros de Prem Baba com líderes de todos os partidos e ideologias, o objetivo é despertar a atenção dos políticos para uma visão mais ampla e expandida da realidade. Tanto da realidade social quanto da pessoal, de cada um. Se quem está no poder representando as pessoas entender qual a sua verdadeira Missão, pode haver uma transformação. Seja quem for, pobre ou rico, negro ou branco, homem ou mulher, político ou cidadão comum, todos têm um Ser dentro de si que é mais importante do que a personalidade criada para a sobrevivência. Essa conscientização e esse reconhecimento de quem se é, verdadeiramente, é a chave para a evolução da humanidade.

A difusão do conhecimento, da ciência do Ser, tem que acontecer universalmente. Não deve ser restrita a homens e mulheres especiais, de uma ideologia política ou outra. A compreensão desse mundo interior pode ser despertada por um guru verdadeiro. Por isso, ele tem a Missão de se comunicar, de maneira irrestrita, com pessoas de todos os setores da sociedade. O guru não julga a culpa de quem está na sua frente, seja político, artista, monge, trabalhador ou qualquer outra coisa. A Missão do guru é despertar a consciência das pessoas, para que possam alcançar o autoconhecimento.

Prem Baba explica qual o seu Propósito ao conversar com os políticos:

Quando encontro essas pessoas, vejo além da personalidade, enxergo a alma. Assim como faço com todas as pessoas que vêm até mim. Tenho um público de seguidores muito heterogêneo, pessoas de todas as classes sociais e diferentes religiões. Eu nunca olho pra fora, só olho pra dentro. Dou atenção ao Ser que está ali. E aquele Ser está passando por um grande desafio. Está precisando de luz e de um guia espiritual. Mesmo que ele não esteja me pedindo, mas, no meu silêncio, estou emanando claridade, fazendo a minha oração para que ele se encontre.

Essas pessoas no poder estão passando por um desafio cármico para poder encontrar o seu Dharma, a conduta correta. Mas precisam superar algumas mazelas. A primeira é o egoísmo. Estão muito preocupadas consigo mesmas. Estão querendo se libertar do desconforto e da culpa. Por trás dessa corrupção na política, a que assistimos todos os dias na mídia, tem muito egoísmo. Eles querem proteger a própria família e os seus, em detrimento da sociedade. Assim, acabam negligenciando a verdadeira Missão que receberam: de serem instrumentos para o desenvolvimento social. Isso acaba gerando muito sofrimento para os outros e para eles mesmos. Esse ciclo só pode ser quebrado pelo despertar do Ser. Por isso, nesses encontros, emano minha energia para que esses políticos acordem e entendam suas funções.

A política como cenário das grandes revelações

A política sempre esteve fundida à espiritualidade e à religiosidade. Isso acontece desde tempos imemoriais. Se pegarmos como exemplo o *Bhagavad Gita*, um texto considerado sagrado para os hindus, veremos que a transmissão de conhecimentos espirituais entre o Deus Krishna e o seu discípulo Arjuna se passa no campo de uma batalha entre famílias que disputam o poder político. O cenário de guerra se torna uma fonte inesgotável de conhecimentos sobre o Ser.

No Ocidente, a história de Jesus Cristo está repleta de referências aos políticos daquela época. A começar pelo rei Herodes, que temia as profecias que diziam que perderia seu trono e seu poder para uma criança nascida em uma manjedoura. Ao longo da sua jornada, Jesus deparou com várias situações que envolviam a política. Em um dos episódios narrado nos Evangelhos, Jesus é questionado sobre a utilidade dos impostos, quando responde olhando para uma moeda cunhada com a face do Imperador Romano (dracma): "Dai a Cesar o que é de Cesar e a Deus o que é de Deus."

Jesus é perseguido pelos fariseus, sacerdotes dos templos judaicos, que temem perder suas posições políticas, junto aos poderosos, que governavam a Palestina. É julgado pelo governador romano, Pôncio Pilatos, que acaba trocando o seu sacrifício pela libertação de um "guerrilheiro" político, do partido dos Zelotes, Barrabás. Graças a esse martírio, Jesus cumpre o seu Propósito profético de acender uma luz para a transformação da humanidade.

No mundo atual, temos o Dalai-Lama, que é, ao mesmo tempo, líder político e espiritual dos tibetanos. Apesar de ter sido exilado pelos imperialistas chineses, o Dalai-Lama mantém uma ação constante que, em sua essência, traz uma mensagem humanista espiritualista budista. Mas isso é apenas o pano de fundo de um Propósito político que visa reconquistar a liberdade dos tibetanos. Restabelecer no Tibete uma República Teocrática, regida pelo Dharma budista e garantir sua autonomia política.

A ação diplomática e espiritual do Dalai-Lama no mundo reflete o Propósito de divulgar a situação de dominação do Tibete, que serve de espelho para outras nações em risco de dominação. O Dalai-Lama age inspirado por suas crenças budistas de autoconhecimento. Assim, inspira os homens a pensar em uma nova política. Ele prega que:

Melhorar o mundo é melhorar os seres humanos. Se só pensarmos em nós mesmos, nossa mente fica restrita. A compaixão é a compreensão da igualdade de todos os seres, é o que nos dá força interior. Podemos nos tornar mais felizes e expandir essa felicidade às comunidades e países para um mundo melhor.

O entendimento do Dharma na política

O Dharma é a chave para o surgimento de um novo sistema político que possa atender melhor as populações do planeta. Esse é um conceito védico, também utilizado pelos budistas, que, em uma leitura simples, significa a ação correta. O Dharma é o entendimento do Propósito de cada um, que o conecta a Deus. Pode ser entendido, também, como a conscientização do papel que cada um deve desempenhar para se realizar espiritualmente. Então, quem faz uma política Dhármica está promovendo os valores humanos mais elevados e altruístas. No Dharma, não pode existir apego aos frutos da ação, mas à sua entrega consciente.

Quem tem a consciência de ser quem verdadeiramente é será incapaz de ações (carmas) que tragam sofrimento a outras pessoas e ao planeta. Então, uma atitude Dhármica está impregnada pela espiritualidade e pela verdade. É uma forma de política revolucionária que coloca o Ser acima de todos os outros interesses do ego.

O maior exemplo de um político Dhármico é Mahatma Gandhi, que libertou a Índia do domínio inglês por meio da prática da não violência (ahimsa). Mahatma talvez tenha sido um dos personagens históricos que melhor entendeu a verdadeira função da política. Com práticas espirituais como o jejum, a meditação e o serviço desinteressado (seva), Gandhi conseguiu vencer o imperialismo inglês.

Gandhi ensinou a liberdade ao seu povo. E quando essa consciência cresceu no país, tornou-se impossível para o "invasor" continuar no poder. As ações de Gandhi tornaram-se eficazes a ponto de evitar uma guerra entre indianos e ingleses, o que certamente traria muito sofrimento às duas nações. A política verdadeira deve estar livre de interesses pessoais para que seja uma forma de prestar serviço, e foi isso que Gandhi mostrou ao mundo.

Editei e prefaciei o livro *Minha missão*, com uma série de artigos escritos por Gandhi nos jornais da Índia e da África do Sul, entre 1920 e 1930. O texto de abertura que escrevi reflete um pouco esse entendimento crucial do Dharma, baseado nos ensinamentos de Gandhi, para que possamos ter uma nova forma de fazer política em todos os países do mundo.

A Política Divina de Gandhi

Nenhuma mudança pode acontecer, realmente, limitada apenas ao campo político. Sem haver uma transformação interior dos homens que compõem as sociedades, nenhum sistema político será eficiente. O mesmo serve para a religiosidade. É necessário que haja a consciência de que Deus, com suas infinitas formas e nomes, concede a oportunidade da vida para que cada ser possa se aperfeiçoar, servindo aos seus semelhantes com amor e desapego, aos frutos gerados pela ação. Os hindus chamam isso de Dharma, a conduta correta que inspira o indivíduo a agir de acordo com a vontade superior. Um homem que age guiado pelo Dharma se torna incorruptível, colocando sempre o interesse da coletividade à frente do pessoal. Por isso, a atitude Dhármica é um remédio eficaz contra as doenças forjadas pela ilusão (Maya). É sempre em função do egoísmo de uns poucos "privilegiados" que se tem perpetrado guerras de extermínio, motivadas pelo poder econômico, político e religioso.

Gandhi revelou a toda a humanidade o conhecimento do Dharma. Tornou-se um verdadeiro guru (dissipador de trevas), conduzindo milhões de pessoas à compreensão da senda espiritual como um instrumento de libertação (Moksha), tanto do corpo quanto da alma.

Inspirado pelos versos do *Bhagavad Gita* e pelas práticas espirituais yóguicas, transcendeu sua posição de advogado burguês formado na Inglaterra para se tornar um renunciante Bhramacharya e libertador da Nação Indiana. Assumindo completamente sua identidade como hindu, revelou à humanidade a verdadeira potência espiritual que reside em todas as religiões.

Gandhi fez da fé e da não-violência (ahimsa) armas poderosas contra a opressão do seu povo. Lutou tenazmente para manter a Unidade entre os indianos, divididos por diferenças religiosas, e para abolir, definitivamente, o sistema de castas sociais que condenava milhões de pessoas, desde o berço, à discriminação e à miserabilidade.

Como todo guerreiro iluminado, perdeu algumas batalhas, sofrendo com a separação do Norte da Índia (Paquistão), vendo hindus e mulçumanos se matarem, comprovando a opressão dos bhangis, mas, 51 anos após ter deixado o seu corpo, sua Política Divina comprovou-se atuante e transformadora, por fatos como a eleição de um membro da casta dos intocáveis para a presidência da Índia.

Gandhi libertou a Índia não apenas no sentido político, mas no do Moksha, a libertação que leva o homem a um estado de consciência que lhe permite fundir-se com o Absoluto (Brahman). É claro que não foi entendido completamente por seu povo, inclusive sendo assassinado por um hindu radical, assim como acontece com quase todos os santos surgidos tanto no Oriente quanto no Ocidente. Por isso, ao mesmo tempo em que Gandhi é um personagem político contemporâneo, tem também uma similaridade mítica com figuras iluminadas como Jesus Cristo, São Francisco, Buda, Rama, Chaitanya e Shankara. Poucas vezes se viu tanto amor entregue aos homens.

Gandhi materializou o transcendental para libertar um povo da ignorância que o mantinha escravizado, pelos imperialistas ingleses. As palavras do senhor Gandhi revelam quão sublime é perceber a verdade (Sat) e gerar uma fonte de luz eterna, do amor incondicional do Criador, às suas criaturas.

Um guru em ação no mundo

Tive muitas conversas sobre política com Prem Baba. Ele acredita que a transformação de consciência das massas para viverem em um mundo melhor passa pela política. O Guru falou como entende o atual momento político que está gerando danos para as pessoas que habitam o planeta.

Sinto que nós estamos vivendo um momento muito especial. Chegamos ao clímax do Parivartan, a grande transição planetária. Está havendo uma mudança de consciência. As escolhas que fizemos até agora, enquanto sociedade humana, têm nos levado a um abismo. Os sistemas que construímos para organizar a vida em sociedade estão desmoronando. E eu sublinharia a política e a economia, que estão intimamente relacionadas. O sistema capitalista, da forma como conhecemos, não está mais nos servindo. Ele não pode mais propiciar aquilo que o ser humano anseia, que é a harmonia e a paz. Então, a democracia precisa se atualizar. Percebemos que o sistema político mundial, com exceção das poucas sociedades comunistas que ainda existem, se baseia numa ideia de democracia. Mas ela já não é mais uma resposta para os anseios de uma vida onde respeitemos a igualdade, a cooperação, a colaboração e o serviço.

Então, percebemos a astúcia do ego agindo com egoísmo por trás dos ditames democráticos. O próprio sistema de eleição não é eficiente para aferir as verdadeiras necessidades das populações. Se um povo não tem acesso à informação, ao conhecimento, como pode eleger uma pessoa capaz de governar um país, um estado, uma cidade? O conhecimento não é transmitido porque os meios de comunicação foram monopolizados por uma minoria que tem seus interesses próprios. Então, percebo, realmente, que a população, muitas vezes, não tem autoridade de conhecimento para eleger um líder, porque é enganada facilmente. Eles não têm discernimento. Aqui na Índia, por exemplo, se compra um voto por 10 rúpias, porque a miséria é muito grande.

O capitalismo não contempla a todos?

Exatamente! Veja como no Brasil também é fácil comprar votos, até hoje. O sistema capitalista está a serviço de dar poder a quem já tem. E eles vão eternizando suas oligarquias e seus domínios. Tudo precisa ser revisado. A democracia precisa de um upgrade. O sistema político, de forma geral, precisa de um upgrade. E eu tenho falado especialmente do Brasil, afinal, sou brasileiro. Estou assistindo com muito pesar o que está acontecendo. É muito dolorido o que está acontecendo no Brasil, atualmente. É dolorido mesmo.

E o Brasil é o país do futuro...

Eu até acredito que existam grandes chances. Mas, para isso, nós vamos ter que transformar o egoísmo, a desonestidade, o orgulho, a vaidade. Sinto que temos que ter coragem de realizar a purificação, para conseguirmos uma passagem para uma nova política e, consequentemente, uma nova economia. Quem sabe até um novo sistema econômico, baseado em valores espirituais. Alguém disse que esse novo milênio será espiritual ou não será. Não tem outro caminho. Essa crise que vivemos é eminentemente espiritual. O estado de degradação em que entramos é por conta do esquecimento de quem somos, do que viemos fazer aqui. Essa é a questão!

A sobrevivência humana em risco

Prem Baba segue falando:

Quando chegamos ao assunto do clima no planeta, vemos a natureza como uma mercadoria que pode ser comercializada. A água é uma mercadoria que pode ser comercializada. Consigo agora, de alguma forma, interferir no Fórum Mundial da Água, que vai acontecer no Brasil. E por que eu estou fazendo isso? O Fórum Mundial serve somente a interesses econômicos. Reúnem-se apenas líderes financeiros e políticos, para tratar de como comercializar a água, da melhor maneira possível, para se ter mais lucro. Como alguém pode se tornar dono da água? A água é um direito de todos. Então, estamos conseguindo criar o Seminário Águas pela Paz como parte do Fórum Mundial, com líderes espirituais, cientistas, ambientalistas, para apresentar uma reflexão aos políticos e capitalistas que podem determinar o futuro do uso da água no planeta.

Como fazer uma leitura espiritual da questão ambiental?

Esse é o assunto em que eu estou mais envolvido ultimamente, em que tenho posto mais energia. É preciso entender o que está acontecendo. A desconexão com o nosso espírito e, consequentemente, com o Propósito da alma, fez com que desenvolvêssemos um olhar material a respeito de tudo. Enxergamos a natureza como um objeto a ser comercializado e não como uma extensão do nosso corpo, da nossa casa. Olhamos para o rio e não vemos o espírito dele, mas a água que fornece energia elétrica, a água para beber, a água para tomar banho. Não vemos mais na água um Ser Divino, sagrado, eterno e feminino que nos habita e, portanto, é uma coisa só nossa. Sim, a água serve também para fornecer energia elétrica, para nos banhar e saciar nossa sede, mas é preciso ser vista de outra maneira. Não somente como um objeto a ser comercializado, mas como um Espírito Divino que tem uma função no jogo da existência. Nosso papel e dever é de proteger a natureza, o meio ambiente, para que tenhamos uma casa pra morar e as nossas necessidades materiais atendidas, para nos desenvolvermos espiritualmente.

Vejo muita gente influenciada por filmes de ficção científica, acreditando que, se o planeta acabar, poderemos ir para outro (risos). Vai se explorando, explorando e, quando tudo acabar, vamos para outro planeta. Mas não é bem assim, né? Já tem até um grupo de exploradores tentando conquistar Marte (risos). Mas essa não é uma resposta às nossas necessidades. A desconexão com o nosso espírito fez com que tratássemos a natureza de uma forma muito cruel. Tudo transformado em dinheiro, em bens de comercialização. Com isso, estamos destruindo nossa casa, nosso habitat. Temos assistido, lamentavelmente, à dizimação das florestas. Vendo todo o nosso ecossistema e as águas poluídos.

Para mudarmos o espectro dessa marcha destrutiva da natureza, temos que agir, e cada localidade tem um desafio. Aqui na Índia, é o lixo e a questão do rio Ganges que atravessa quase todo o país. O Ganges é responsável pela economia, pela cultura, pela religião dos indianos. Ele alimenta toda a vida da sociedade e da cultura indiana. E ele está indo pelo mesmo caminho do rio Tietê, em São Paulo. Está sendo contaminado por todos os dejetos que nele são jogados. Além das fábricas às suas margens, todo o lixo fabricado pela população. Então, estamos em uma campanha aqui para tentar conscientizar as pessoas, envolvendo as universidades, a mídia e quem a gente consegue.

Precisamos criar uma agenda para tratar da imaterialidade da água, que tem seu aspecto subjetivo e espiritual, que precisa ser contemplado. É preciso conseguir abrir as mentes. A ONU precisa aceitar a pauta da água relacionada à espiritualidade. A água está acabando e pode colocar em risco a própria sobrevivência da espécie humana. Mas poucas pessoas têm a consciência de que a água está acabando por conta da mudança climática causada pela degradação das nascentes, das florestas, do nosso meio ambiente.

Então, a revolução amorosa precisa incluir a consciência ambiental. Estamos destruindo a fonte da vida, que é a água e, consequentemente, o clima. O mês de fevereiro na Índia foi o mais quente que já vi! Nos outros anos, eu usava gorro e xale grosso. E, a cada ano, a temperatura continua subindo, subindo. E algumas lideranças políticas mundiais querem fazer acreditar que isso é uma mentira. Formulam falsas teorias de que o ser humano não tem nada a ver com essa mudança climática. Isso é triste e lamentável.

O medo da escassez

Mas tudo isso que você falou se relaciona diretamente à economia, de certa maneira. A começar pela consciência de consumo de cada ser humano. Pegando a Índia como exemplo, você citou, além do problema dos dejetos industriais, o lixo pessoal que é jogado diretamente no rio Ganges. Então, para

essa revolução da consciência política e econômica acontecer no planeta, tem que haver uma mudança no consumo das pessoas?

Com certeza. É preciso que haja uma mudança na nossa economia, que é totalmente baseada no medo da escassez. Então, pelo fato de não sabermos quem somos, consumimos para agregar valor à essa ideia. E isso pode ser infinito, é um buraco sem fundo. Consome, consome, consome e não acaba nunca, porque nunca as pessoas descobrem quem são verdadeiramente. A pessoa está tratando o problema de fora para dentro, procurando curar um sintoma, mas não mexe na causa. E isso acontece por conta dessa desconexão com a espiritualidade. É preciso reconhecer o nosso Eu real, o Eu verdadeiro, que basta a si mesmo, que se preenche. Se isso não acontecer, desenvolve-se esse medo da vida que tem muitos aspectos. Talvez o principal deles seja esse medo do que vai faltar, de que não vai ter onde morar, que não vai ter o que comer. E surge essa necessidade de agregar valores a essa falsa ideia de quem é cada um.

Precisamos nos lembrar dos valores espirituais. É por isso que estou colocando minha energia na educação das nossas crianças. A espiritualidade precisa fazer parte do sistema educacional, para, no futuro, tentar mudar a coletividade. Porque, se as crianças são preparadas desde já, quem sabe, lá na frente, a gente possa ter um mundo diferente.

Alto Paraíso, modelo de sustentabilidade

O empenho de Prem Baba na questão ambiental começou a dar resultados práticos. Em uma reunião, em agosto de 2017, com o governador de Goiás, Marconi Perillo, o seu secretariado e o prefeito de Alto Paraíso, Martinho Mendes, o Guru conseguiu o compromisso das autoridades públicas de um esforço para cumprir metas que viabilizem um modelo de sustentabilidade do município.

Esse projeto é importante para o município de Alto Paraíso, para o estado de Goiás, para o Brasil e para o mundo. Nosso objetivo é criar uma referência em sustentabilidade que sirva de modelo para outros lugares. A base é encontrar o ponto de equilíbrio entre a vida em sociedade e o meio ambiente. Isso foi perdido em algum momento. Agora é a hora de reencontrarmos as soluções para vivermos em sociedade e em harmonia com a natureza, explica Prem Baba.

As metas são baseadas em 17 pontos principais estabelecidos pela Organização das Nações Unidas (ONU) para preservação do planeta e de seus habitantes. Eles devem, segundo a resolução da ONU, ser implantados em todos os países do mundo nos próximos 15 anos. Conhecidas como 17 ODS (Objetivos de Desenvolvimento Sustentável), elas são, em um rápido resumo:

Acabar com a pobreza e a fome; garantir o acesso a um sistema de saúde para todos; educação inclusiva de qualidade; igualdade de gênero; água potável e saneamento; transformar as causas do aquecimento global; acesso à energia; crescimento econômico sustentável para gerar oportunidades; fomento da infraestrutura dos países; redução das desigualdades; segurança; garantir a produção e o consumo de bens sustentáveis; conservação dos oceanos e mares; preservação das florestas e recuperação de terras desérticas; sociedades pacíficas e o fortalecimento das parcerias.

Desde que estabeleceu um dos seus Ashrams em Alto Paraíso de Goiás, o Guru contemplou a Chapada dos Veadeiros como um portal energético favorável às transformações da humanidade. O solo da região é rico em cristal de quartzo e outros minerais de grande valor espiritual e terapêutico. É um reino mineral a ser explorado para propósitos evolutivos espirituais, e não apenas econômicos.

Alto Paraíso será um modelo para gestar um novo sistema social de comunidade em que a preservação do meio ambiente esteja em primeiro plano. Esse olhar atento e respeitoso para a natureza como um organismo vivo é que deve ser a mola propulsora de toda atividade, seja econômica, política, social e espiritual. Como costuma dizer Prem Baba, ou a mudança de paradigmas, de valores e de propósitos acontece ou poderemos chegar a uma situação caótica de miséria extrema, de violência descontrolada e de esgotamento dos mananciais e recursos naturais que garantem a sobrevivência da nossa espécie no planeta.

Nota: A sintonia que se estabeleceu entre mim e Prem Baba ultrapassou a lógica. No dia 22 de março de 2017, enquanto escrevia o livro, tive uma meditação intensa às margens do rio Alaknanda, nos Himalaias. Vi as nascentes de todos os rios ameaçadas e compreendi que a preservação delas é essencial para a permanência das espécies humana e animais do planeta. À noite, já bem tarde, deitado no quarto da pousada em que estava hospedado, vi uma postagem de um vídeo de Prem Baba falando justamente sobre a preservação das nascentes. Eu não sabia que o dia 22 de março era dedicado à água.

9. A VIOLÊNCIA DA CONVERSÃO RELIGIOSA

Uma das maneiras desse sistema político opressivo se manifestar é por meio da fusão com a religião. Cada vez mais, troncos de fundamentalismo de diversas religiões têm influenciado o poder das nações. Essa tem sido a causa de muitas guerras em vários países e, inclusive, de conflitos entre pessoas das mesmas nações. A raiz desse problema está na conversão religiosa.

Essa prática está se tornando comum para grupos de muçulmanos radicais, assim como para determinadas denominações de cristãos. A conversão é uma maneira de destruir culturas humanas. É uma forma agressiva de tentar uniformizar o pensamento das pessoas usando o medo e a intimidação como armas, nesse tipo de empreitada. Mas o que move esse tipo de ação de conversão é a ignorância e o desejo de acumular poder.

Algumas religiões se veem como exércitos que precisam de mais e mais soldados para vencer uma guerra. Mas essa guerra é exatamente contra o quê e contra quem? É para fazer com que todos vejam Deus de uma única maneira? Mas será que quem está cometendo uma violência contra a liberdade de outro semelhante, através da conversão, está em sintonia com os propósitos divinos?

A conversão religiosa talvez seja uma das práticas mais violentas que a humanidade tem perpetrado contra ela mesma. Os resultados são o extermínio de populações inteiras por causa de divergências entre doutrinas religiosas, nas guerras travadas em nome de Deus. A conversão, portanto, é mais uma séria ameaça à liberdade e à sobrevivência da própria humanidade no planeta.

Risco à paz

Gandhi se preocupava com essa questão porque viu no seu próprio país, a Índia, os resultados desastrosos da conversão religiosa. Gandhi disse:

Para mim, as diversas religiões são belas flores do mesmo jardim, ou galhos da mesma majestosa árvore. Por isso, são igualmente verdadeiras, embora sejam recebidas e interpretadas através de instrumentos humanos igualmente imperfeitos. É impossível, para mim, aceitar a ideia de conversão da maneira como é concebida, na Índia ou em qualquer outro país. Esse conceito é um erro que talvez seja o grande impedimento para a obtenção da paz mundial.

A conversão é um ato de violência, escreveu Swami Dayananda Saraswati, um dos mais respeitados mestres de Vedanta da Índia, com escolas de Filosofia védica em várias partes do mundo. Antes de abandonar seu corpo, em 2015,

Dayananda estava empenhado em revelar o perigo da conversão religiosa para a harmonia planetária.

Dayananda afirmava que as religiões agressivas não têm o direito, dado por Deus, de destruir antigas religiões e culturas.

As religiões do mundo podem ser categoricamente ditas agressivas ou não agressivas. Cada religião tem uma promessa na forma de um objetivo final. Seus fiéis tentam viver a vida prescrita e alcançar o objetivo prometido. Mas nenhuma delas está livre para levar o povo de outras religiões ao seu rebanho.

Existem várias tradições religiosas que não tentam converter ninguém. A tradição judaica, religião védica (agora conhecida como Hinduísmo), xintoísmo, taoísmo e muitas outras religiões de várias tribos do mundo, são tradições religiosas não agressivas porque não acreditam na conversão agressiva.

Depois, há religiões como o cristianismo, que defendem a conversão. Evangelismo e proselitismo são compromissos sagrados de todo o quadro do clero, altamente organizado. Os leigos, inspirados pelo clero, não são menos comprometidos com a conversão. Eles são zelosos na sua Missão de pregação e conversão.

Como resultado, muitas religiões, com suas culturas únicas, desapareceram, deixando para trás apenas relíquias, como as da Grécia e do México. A perda de tão grandes culturas vivas do mundo é a marca do sucesso das religiões que convertem. A verdade é que, onde deveria haver uma sensação de culpa e remorso, há uma sensação de conquista e orgulho.

Respeito ao Ser de cada um

Prem Baba, que andou por vários caminhos espirituais e religiosos, considera uma insanidade a conversão religiosa. Ele conversou comigo sobre o assunto e abordou, também, a violência que os indígenas brasileiros sofreram com o fundamentalismo religioso.

Sinto que a conversão religiosa é um dos grandes males do nosso tempo. Se formos observar a raiz desses conflitos que estão acontecendo na Síria e o terror que está circulando na Europa e no planeta de forma geral, esbarraremos na questão da intolerância religiosa. Isso é o resultado, ainda, de um Eu fundamentalista de muitos religiosos e que se manifesta através da violência da conversão. Então, muitos sonham com a ideia de que haverá paz se todos forem da mesma religião. Essa é, na verdade, uma insanidade.

No Brasil, vejo isso acontecer bastante com muito lamento, tristeza e preocupação. Um exemplo é a conversão dos povos indígenas. Isso tem gerado a dizimação de muitas tradições seculares e, inclusive, tem levado muitos indígenas ao suicídio. Quando tive a chance de circular em alguns lugares, como no Acre, na Amazônia, pude observar o fenômeno da aculturação que tem causado vícios e uma série de perturbações emocionais, psicológicas e mentais em muitas populações indígenas. Isso me preocupa, porque é apenas um pequeno aspecto desse fenômeno global da conversão religiosa. E essa insanidade é um reflexo do ego global adoecido.

Uma coisa é o buscador ir atrás e bater na porta da verdade divina que está procurando e se encontrar em um determina-

do caminho por livre-arbítrio, sem ser induzido, forçado ou chantageado a seguir esse caminho. Essa é a diferença com as religiões que querem converter, impor uma verdade, sem dar oportunidade ao convertido de viver uma experiência direta com Deus. Eu sempre tive a liberdade de buscar, procurar, e passei por muitos caminhos e muitas religiões.

A ignorância se manifesta de muitas formas

Conversei com a escritora indiana Vanamali, em sua casa em Rishikesh, na Índia. Ela é autora de muitos livros que têm como base o Vedanta e o Hinduísmo. Em nosso diálogo, tratamos de assuntos referentes ao conhecimento védico e também aos riscos e pressões que esse conhecimento sofre, das culturas muçulmanas e cristãs.

A dualidade e a ignorância criam muitas formas na maneira de entender a Deus. Isso acaba causando conflitos entre culturas espirituais e, consequentemente, sofrimentos. Como a senhora entende essa questão?

O conhecimento oculto é um só. Esse Um está disponível para toda a humanidade. Não é reservado para aqueles que acreditam Nele, como os hindus. Não é reservado como o Deus cristão e o Deus muçulmano. Ele é chamado de Brahman e está disponível para toda a humanidade. Não há distinção entre raça, casta, sexo ou qualquer outra coisa. Inclusive, Ele está disponível não apenas para aqueles que creem, mas para todos.

O que você pensa sobre as religiões muçulmanas e cristãs fundamentalistas, que tentam converter outras pessoas à sua religião?

Isto se deve à ignorância sobre a Verdade. Se eles sabem que a Verdade é uma e está disponível para todos, por que se converter? Eles não precisam se converter. Eles acham que a Verdade é apenas o Deus deles. Acham que o Deus deles, Allah ou Cristo, está disponível apenas para aqueles que creem Nele, não para todos, então, eles têm que converter os outros. Nós, hindus, acreditamos que o nosso Deus está disponível para toda a humanidade, então, para que a conversão? A conversão se deve à ignorância em relação à própria natureza de Deus.

Como você acredita ser possível parar esse processo de conversões em todo o planeta?

O único jeito é dar a eles o grande conhecimento que o Divino nos deu. Tudo é Um, e esse Um está disponível para todos. E todos podem adorá-Lo em qualquer forma, como Cristo, como Allah, como Rama, como Krishna, ou qualquer outra forma que o coração escolha, através do amor. O problema surge quando alguém diz: "Só a minha forma é certa!" Eu darei um exemplo: a eletricidade está em todos os lugares, é uma força, é uma energia, mas que se manifesta na lâmpada como luz, no ventilador como vento, na geladeira como frio, no aquecedor como calor, mas a eletricidade é a mesma. No entanto, se eu disser que só há eletricidade na minha lâmpada, no meu ventilador, como será? Aí o problema e a briga começam. Se todos admitirem que a eletricidade existe em muitas formas, não haverá briga, não haverá conversão. A causa do fundamenta-

lismo é a ignorância, que faz as pessoas cometerem loucuras em nome de Deus. Isso é uma blasfêmia! Matar em nome de Deus é o maior pecado. Trazê-lo para o nosso nível e dizer que Ele quer matar o descrente ou infiel? Quem são esses descrentes e infiéis? Eles fizeram uma divisão entre fiéis e infiéis, mas, aos olhos de Deus, nada disso existe. Tudo é igual: a árvore, o cão, o ser humano... são o mesmo. É a mesma eletricidade, a mesma força, a mesma energia que está em tudo.

Nos tempos modernos, as mulheres e os homens têm vários problemas. Trabalham muito e estão conectados o tempo todo ao mundo externo e virtual através dos computadores, celulares, TVs etc. Precisam de dinheiro para sustentar suas famílias. Como é possível despertar, ir além da dualidade, para entender a verdadeira natureza do Ser?

Somente através do conhecimento é possível acordá-los. Tudo está permeado pela mesma energia divina. Existe a mesma energia no Sol, no vento e no homem mau! Lembre-se disso: não há divisão entre Deus e o diabo. Não há o que questionar porque, nas religiões semitas, eles pintaram Deus como algo muito bom, bonito, maravilhoso, compassivo. Então, de onde vem o mal? Essa é a questão! Assim, criaram o diabo, a quem se atribui todo o mal. Mas se alguém tem um diabo que pode destruir tudo o que Deus faz, então, esse diabo é superior a Deus. Deus não é mais onipotente, já que o diabo pode destruir tudo. Isso tudo está no plano da dualidade. O Supremo está acima de Deus e do diabo, tem tanto Deus quanto o diabo dentro dele, assim como nós temos. Nós também temos o bem e o mal dentro de nós. Felicidade e tristeza, porque assim é a natureza do mundo. A natureza do mundo é dualista, não se pode ter um lado sem o outro. Você só quer felicidade, só beleza, só luz? Você não pode ter só isso. Você tem que aceitar o mundo como ele é. Então, para nós (hinduístas) tudo vem de Deus, tanto o bem quanto o mal. Só há uma fonte. A mesma eletricidade que dá luz e bombeia o coração, também está na cadeira elétrica que pode matar. Mas é sempre a mesma eletricidade.

O amor e a paz: pontos comuns a todas as religiões

Prem Baba tem procurado dialogar com líderes das mais diferentes religiões. Sonha em realizar encontros globais entre padres, pastores, médiuns, pais de santos, gurus, pajés e mestres espirituais das mais diferentes tendências. Uma tentativa de fazer convergir o pensamento para a paz, a tolerância e a colaboração, através do ponto em comum de todas as doutrinas religiosas verdadeiras, que é o amor.

Precisamos parar de nos fustigar. A religião pode ser um instrumento importante para ajudar a estabelecer a paz no planeta. Não tem uma religião melhor ou uma pior, contanto que o objetivo seja encontrar Deus. Consequentemente, despertar o amor entre as pessoas. Se a compaixão e a caridade fazem parte das doutrinas, por que, então, não haver respeito entre as mais diferentes maneiras de professá-las?

Está na hora de mudar esse paradigma de concorrência para ver quem consegue angariar o maior número de fiéis. O Propósito maior é o bem-estar e a libertação da humanidade.

As religiões, portanto, podem ser como diferentes rios que correm em direção ao mesmo oceano de amor.

O grande número de pessoas que frequenta o Ashram de Prem Baba em Alto Paraíso de Goiás despertou a desconfiança de alguns pastores evangélicos da região. Antes que isso se tornasse um conflito, Prem Baba me contou que foi a um programa de rádio de um desses pastores e concedeu uma entrevista sobre os seus propósitos.

Conversões às religiões pessoais

A conversão, no entanto, não é apenas um fenômeno de massa. Ela acontece também nas relações pessoais e familiares. Prem Baba fala sobre o conjunto de crenças que cada um vai formando ao longo da vida e da necessidade de convencimento do outro daquela "verdade". Ele diz que essa é uma manifestação que reflete o medo da solidão e a incerteza sobre a "verdade" adquirida, porque quem tem a convicção daquilo que acredita não precisa induzir ninguém a ter a mesma crença.

Isso é outra forma de violência, porque esbarra no livre-arbítrio e desencadeia processos dolorosos, inclusive, entre pessoas que se amam. Ter um conjunto de crenças não significa conhecer Deus. É preciso ter uma experiência direta da Sua Presença para poder se harmonizar. E quem vive inspirado pelo fluxo divino não precisa converter ninguém a nada, porque sabe que cada um encontrará a verdade que está buscando, ao seu tempo e de forma natural.

O Mestre Raimundo Irineu Serra, no Hinário *O Cruzeiro*, seu testamento espiritual, tem um canto em que aconselha seus seguidores do Santo Daime: "Não brigar com o seu irmão nem trocar seu pensamento." Palavras simples de pura sabedoria e amor ao próximo. Mesmo que o outro ainda esteja enredado pela ignorância, quem é que pode julgar ou definir o momento do seu encontro? Ou mesmo a forma em que reconhecerá a verdade do Ser? Assim como os diferentes rios fluem inexoravelmente para o mesmo Oceano, existem infinitas formas de devoção e encontro com a verdade divina.

A diferença entre religiosidade e espiritualidade

Durante os seus Satsangs, Prem Baba costuma citar passagens espirituais relacionadas às escrituras védicas, cristãs, xamânicas e budistas. Não condiciona seus discípulos a ter uma religião específica. Mesmo porque a questão do despertar do Ser Supremo de cada um é uma jornada espiritual e não religiosa.

Uma vez, me explicou Prem Baba:

A espiritualidade é laica! Existem religiões que são espirituais e outras, nem tanto. Porque espiritualidade diz respeito a uma dimensão mais profunda da vida, à realidade maior de quem somos. Então, a espiritualidade une, porque tem como elemento central o amor a todos. Por que eu digo amor? Porque, ao estudar mais profundamente cada pessoa, encontraremos o amor como a fragrância principal de cada

Ser, daquilo que somos verdadeiramente. Já as religiões são sistemas de crenças criados pela mente humana, em algum momento, para atender às necessidades e funções sociais. É um conjunto de dogmas que pretende determinar como as pessoas devem viver. Muitas vezes, esses dogmas não são pautados na verdade, mas em crenças estabelecidas por alguém, num certo contexto histórico.

Então, se a pessoa segue uma determinada religião, tem a obrigação de viver de acordo com o seu conjunto dogmático e doutrinário, precisa seguir as regras estabelecidas, mesmo que ela não considere que aquilo seja a verdade. Essas regras e dogmas, às vezes, são diametralmente opostos àquilo que a pessoa sente, intuitivamente, como a verdade. E esse conflito desenvolve culpa, além de sentimento de impotência e de inferioridade. Assim, acaba desencadeando uma série de mecanismos nocivos para a psique humana. Portanto, nem sempre uma religião é algo positivo para a evolução e a expansão da consciência humana. A religião, em algumas situações, pode ser exatamente aquilo que está impedindo a pessoa de evoluir espiritualmente. E, em algum momento, na sua jornada de autoconhecimento, para poder se desenvolver espiritualmente, acordar os seus valores humanos e espirituais mais profundos, precisará se libertar dos dogmas religiosos.

10. A CHAVE DA MEDITAÇÃO PARA A BUSCA DO SER

Dificilmente poderíamos dizer que o homem comum é um Ser Divino e, no entanto, ele é. E a Yoga é um método de vida que faz essa semente germinar. Então, o esplendor dessa divindade se manifesta.

Professor Hermógenes —
escritor e precursor da Yoga no Brasil

Por mais erros que cometamos, a verdade sempre vai estar dentro de nós. Ela não depende do julgamento humano para existir. A verdade é a consciência do Ser que cada um pode alcançar dentro de si, e está além de qualquer julgamento. E para percorrer o caminho em busca da verdade, a meditação é um instrumento poderoso. Ela possibilita o reconhecimento da realidade espiritual sutil e abrangente. Abre as portas para conhecermos os nossos universos interiores.

Se o mundo se tornar cada vez mais meditativo, as possibilidades de a humanidade encontrar paz serão muito maiores.

É o que pode quebrar esse ciclo de sofrimento em que as pessoas se meteram. Às vezes, quando se fala em meditação, alguns imaginam algo transcendental e esotérico, só para iniciados especiais. Mas não é nada disso. A meditação é simplesmente observar a si mesmo, se conhecer. Ela não pertence a nenhuma religião nem a qualquer doutrina espiritual. A meditação apenas desperta o mestre que está dentro de cada um, para guiá-lo através dos sábios conselhos da intuição.

Existem muitas técnicas para se entrar em meditação. Algumas utilizam a respiração, a oração, a repetição do Nome de Deus ou posturas yóguicas. Mas, na realidade, a meditação está presente em todas as coisas. Basta aprender a observar com os olhos do espírito para acessá-la. Quando nos concentramos, nossa percepção se expande e nos dá a noção de Unidade. É um despertar que nos permite entender o Universo como uma coisa única, na qual estamos inseridos, e não separados. É a comunhão perfeita entre a matéria e o espírito, o humano e o Divino.

Certa vez, ouvindo por áudio um Satsang da Guru Siddha Gurumayi Chidvilasananda, em um centro de meditação do Rio de Janeiro, lembro de uma alegoria que ela usou para se referir à meditação e à busca do Ser. Gurumayi disse que todos somos peixes nadando no oceano, perguntando onde fica o oceano. Estamos contidos no Universo e, portanto, somos também o Universo. Aquilo que buscamos está à nossa volta e dentro de nós.

Meditar é sentir a presença divina. Não precisa haver, necessariamente, uma série de posturas (hathas) ou qualquer outra técnica. O yogue verdadeiro está em meditação e, portanto, desperto o tempo todo. Esse é o objetivo, estar acordado para a realidade espiritual e ver Deus em todas as coisas, sem os julgamentos duais criados pela moral mental.

Isso é um processo. Pouco a pouco, com disciplina, aproveitando o tempo disponível para silenciar e se observar, a meditação vai se revelando. Ninguém vai se iluminar em uma única tentativa, mas poderá contemplar esse estado toda vez que meditar com atenção e devoção ao Ser interior. Então, repita a experiência, até que um dia a meditação te ocupe e se torne um estado permanente.

O método mais simples e prático para meditar é manter a coluna reta, esteja sentado, deitado ou em pé. Relaxe os braços ao longo do corpo. Feche os olhos e dirija sua atenção à ponta do nariz. Observe sua respiração, o ar que entra e que sai, e associe esse movimento a uma palavra que represente a forma de Deus que lhe seja confortável e familiar. Shiva, Jesus, Alá, ou mesmo uma potência da natureza como o Sol, a Lua, as Estrelas, a Terra. Concentre-se no que é imortal e perpétuo e você vai começar a perceber o Ser, vivo no seu interior.

Costumo ensinar uma maneira simples e conveniente de meditar aos meus amigos e amigas. A primeira desculpa que se dá para não manter a disciplina de uma prática espiritual é a falta de tempo, devida às atribulações e compromissos do mundo, cada vez mais materialista. Então, sugiro que, após o banho, ainda no chuveiro, nu, ele ou ela se sente em postura de lótus. Deixe a água escorrer sobre o corpo e simplesmente observe sua respiração. Faça isso por um minuto ou dois, durante alguns dias, e você verá os resultados. As pessoas pensam tantas inutilidades e perdem tanto tempo durante o banho, por que, então, não dedicar um instante à auto-observação?

Prem Baba tem se empenhado em popularizar a meditação através de uma campanha para a prática do cultivo de um minuto de silêncio todos os dias.

Melhor que um minuto seria silenciar cinco minutos divididos em cinco períodos de um minuto espalhados ao longo do dia. É importante que seja sempre nos mesmos horários. Por exemplo, ao acordar, antes das refeições e de dormir. Mais importante que parar para silenciar é se lembrar de parar; pois essa lembrança da prática do silêncio é a lembrança de si mesmo que evoca a presença divina.

No *Bhagavad Gita*, o Senhor Vishnu, na forma de Krishna, ensina ao discípulo Arjuna (que somos todos nós) sobre os frutos da meditação.

Você será liberado dos laços de ações que produzem resultados desejados e não desejados. Com a mente entregue à renúncia e ao karmayoga, você é liberado e virá a mim.

Eu sou o mesmo em todos os seres. Para mim, não há ninguém que seja odiado e ninguém mais amado. Porém, aqueles que com devoção buscam a mim, esses estão em mim, e eu também estou neles.

Alguém que reverencie a mim não buscando mais nada deve ser considerado uma pessoa correta, até mesmo alguém de má conduta, pois essa pessoa possui o conhecimento claro.

Segundo as palavras de Krishna, a verdade está sempre disponível a todos os homens comuns, para que possam acessá-la.

Para realizar essa jornada meditativa, temos que nos desapegar dos nossos erros e das nossas culpas. Esquecer do passado e do futuro para se estabelecer no presente. A meditação possibilita esse contato com o Ser divino para termos discernimento do caminho a seguir, com a "Presença" viva a nos guiar. Mesmo que o processo de realização do Ser leve muitas encarnações, não se preocupe, apenas pratique, porque o tempo é uma ilusão.

A Yoga do bem viver

Participando das meditações coletivas no salão de Satsang de Prem Baba, em Rishikesh, uma frase simples que ele usava para guiar os devotos ficou ecoando no meu inconsciente: "Permita-se relaxar." Um dia, meditando nas pedras do rio Alaknanda, nos Himalaias, esse comando me veio forte. Ordenei ao meu interior: "Permita-se relaxar." E assim, por algum tempo, consegui transcender todos os apegos relacionados ao passado e às ansiedades provocadas pelo futuro, sempre incerto. Estabilizei-me em uma paz infinita. Acessei por completo meu universo interior sem medo e pude sentir, por instantes, a Unidade de todas as coisas criadas. Contemplei o meu verdadeiro Eu indivisível, existente muito além do jogo da vida e da morte.

Nessa meditação, tive um vislumbre da experiência descrita por Baba Muktananda sobre alcançar o Sahashara, o chacra da coroa no topo da cabeça. A energia saiu do ponto do terceiro olho, entre as sobrancelhas, que abre a visão espiritual, e subiu, em um fluxo luminoso, para o Sahashara. Quando a meditação migrou para esse ponto, senti um impacto forte no meu corpo físico, que quase caiu de cima da pedra, na beira do rio, onde eu estava sentado. Estabilizei-me e, por alguns instantes, me tornei Um com todas as coisas. Eu e o Divino nos fundimos em um só, e pude experimentar Shivoham (Eu sou Shiva).

Espantado e grato por essa experiência que aconteceu de maneira espontânea, enviei uma mensagem simples, pelo celular, a Prem Baba: "Consegui meditar no Sahashara, de maneira natural e inesperada. Tive um vislumbre da Iluminação. Vou passar os próximos cem anos das minhas vidas tentando voltar para esse lugar (risos)."

A *Yoga*, palavra do sânscrito que significa união, não é apenas praticar posturas védicas e pranayanas (técnicas de respiração), mas todo tipo de prática que visa unir o homem a Deus. Então, quando um católico cumpre o ritual de tomar a hóstia e passar alguns minutos contemplando Cristo dentro de si está, na verdade, fazendo Yoga. Quando um médium umbandista entra na roda de uma gira e se abre para incorporar entidades espirituais, está praticando Yoga. Os índios que tomam ayahuasca para fazer sua pajelança (a cura do corpo e do espírito) estão praticando Yoga. Qualquer ritual que visa unir o homem a Deus é uma forma de Yoga.

A Yoga é uma prática universal, e a meditação, sua base para o buscador encontrar-se consigo mesmo. Isso não tem nada a ver com religião. É o exercício da espiritualidade de cada um, em busca do despertar para uma realidade cósmica mais abrangente.

Prem Baba conta como conseguiu alcançar, inspirado pelos ensinamentos do seu Guru Maharaj, o estado desperto através da meditação.

A prática do japa, a repetição de um Nome Sagrado, de um mantra, e a meditação realizaram o meu objetivo de purificação para desenvolver concentração e manter-me permanentemente em estado de consciência expandida. No meu caminho de Guru Sachcha, o despertar se dá através do Shakti Path. Uma transmissão da graça e da bênção de um mestre ao discípulo. Nosso trabalho é abrir caminhos para conseguir uma conexão, para a graça ser transmitida. Não é necessário fazer nenhum esforço, nem mesmo uma prática. Só é preciso entrar em comunhão, e tudo fica claro. Mas, para iniciar todo esse processo, é preciso purificar a mente e o coração e desenvolver concentração, por meio das práticas de repetição do mantra e da meditação.

Na nossa Linhagem Sachcha, tem um mantra específico que é dado como iniciação a cada um dos discípulos, para que seja repetido diariamente, durante algum tempo. As práticas do seva, serviço desinteressado, do japa e da meditação vão purificando as mazelas de cada um, criadas por conta dos equívocos e autoengano. Assim, vão abrindo os caminhos para que a graça possa fluir. E, quando menos se espera, o discípulo estará entrando em êxtase, em comunhão com o Divino. A clareza e a instrução espiritual vão chegando naturalmente, e vamos seguindo...

Prem Baba é o Ser meditativo desperto

Ainda como Janderson, Prem Baba percorreu vários caminhos. Praticou diferentes tipos de Yoga, oriundos de conhecimentos espirituais, até se encontrar e realizar-se. Portanto, a personalidade que assumiu como Prem Baba, na realidade, reflete um estado de consciência alcançado.

Assim como Jesus de Nazaré se tornou Cristo, Sidarta Gautama transmutou-se em Buda (O Iluminado) e Chandra Mohan assumiu-se como Osho, depois de um estágio como Shree Rajneeshe. Sathya Sai Baba, que nasceu como Sathyanarayana Raju, foi considerado um avatar e a reencarnação do santo indiano Sai Baba de Shirdi. No mundo espiritual, é natural que um buscador, ao alcançar o seu verdadeiro Ser e assumir uma Missão, receba um novo nome e assuma uma nova identidade, condizente com o seu estado de consciência.

Isso pode ser evidenciado também no catolicismo, em que os Papas assumem novos nomes ao se tornarem pontífices. Por exemplo, o nome de batismo do atual Papa Francisco é Jorge Mario Bergoglio. Enquanto o polonês João Paulo II recebeu o nome de Karol Józef Wojtyla, ao nascer.

Mas é óbvio que o fato de alguém trocar o seu nome de batismo por um novo nome espiritual não significa que tenha alcançado a Iluminação. A jornada é longa e misteriosa, até que o verdadeiro Ser ocupe o seu lugar dentro de uma pessoa e torne sua ação geradora de graças, para que outros seres viventes despertem. Tampouco é necessária a troca de nomes para que alguém alcance um estado mais elevado. No meu entendimento, a verdadeira Iluminação transcende qualquer forma ou palavra usada para descrevê-la.

Prem Baba fala sobre sua transmutação no Ser meditativo que o ocupou, para seguir realizando a Missão da Linhagem Sachcha:

Não temos como evitar aquilo que está destinado a acontecer, porque acabará acontecendo. Eu havia transitado por dife-

rentes religiões e escolas iniciáticas. Tinha conhecido mestres que me ensinaram muitas coisas. Mas, aos 31 anos, se abateu sobre mim uma profunda crise existencial. Todo aquele conhecimento que eu havia adquirido não estava me ajudando nem me servindo. No auge dessa crise, fiz uma oração sincera ao Universo. Eu falei: "Se existe uma verdade neste mundo, que está além das criações da minha própria mente, por favor, se manifeste, porque eu cheguei ao fim da linha."

Entrei em uma meditação profunda e tive a visão de um velho de longas barbas brancas, que estava nos Himalaias meditando, e ele falou: "Você vai fazer 33 anos, venha para a Índia, para Rishikesh." Nesse momento, eu me lembrei de quando eu era menino, com 13 ou 14 anos de idade, e, pela primeira vez na vida, fazia uma prática de Yoga e ouvi um bhajan, um canto devocional hindu. Era um canto para a divindade Sitaram Narayana. Entrei em transe. Era como se eu conhecesse aquela língua, e ouvi uma mensagem muito parecida: "Quando você fizer 33 anos, vá para a Índia, para Rishikesh."

Sempre pratiquei Yoga e fiz meditação. Eu sabia que tudo isso vinha da Índia, mas não era o meu principal caminho, a minha principal trajetória. Eu estava conectado a essas outras tradições, que são mais comuns no Ocidente. O que eu conhecia da Yoga era muito superficial, relacionado à parte física, as posturas de hatha, que são mais divulgadas no Ocidente.

Quando cheguei a Rishikesh, no Ashram Sachcha Dham, e bati à porta do mestre que cuidava daquele Ashram, vi o mesmo velho da minha visão. Caí de joelhos aos pés dele e encontrei as respostas que procurava. E me vi diante de um ser que emanava um silêncio, um amor que não tinha início nem fim. Minha mente se aquietou e meu coração se abriu. Eu tinha muitas perguntas, mas todas desapareceram. Mas, ainda assim, consegui falar um pouco do que estava se passando comigo, e ele falou que o que estava me faltando era eu me entregar para um guru vivo. Disse para eu ficar com ele por 15 dias, e eu ia receber o que estava precisando.

Naquele momento, eu não pude ficar, mas no ano seguinte voltei, passei os 15 dias lá, tive minha iniciação e fui me aprofundando e me reconhecendo nesse caminho. Até que, em determinado momento, realmente compreendi quem sou eu, o que estou fazendo aqui. Aí, eu realmente me encaixei no mundo. Entendi qual era o meu trabalho. E o próprio Maharaj, que era o meu guru, confirmou o meu trabalho como mestre espiritual, para guiar as pessoas em direção a Deus.

Indo além da impermanência

Um caminho para entender a meditação que Prem Baba sempre utiliza nos seus Satsangs é a comparação do céu com o nosso verdadeiro Ser e das nuvens com os nossos pensamentos. Por mais nuvens que possam existir em trânsito, o céu sempre permanecerá no seu azul límpido. Olhamos para o céu e dizemos que está cinza devido às nuvens carregadas de chuva ou de poluição. Branco, por causa das nuvens de algodão. Na verdade, não estamos falando, nesses casos, do céu, mas das nuvens, que estão cinzentas ou esbranquiçadas.

O céu sempre permanece azulado durante o dia e azul-escuro estrelado, à noite. Isso não muda nunca.

É a identificação que criamos com as nuvens passageiras que nos afasta da percepção do nosso verdadeiro céu. As nuvens representam nossa sensação de impermanência, enquanto o céu simboliza a permanência, a perpetuidade da nossa natureza espiritual. A impermanência gera a dúvida, o certo e o errado, a dualidade. Os nossos pensamentos, criados pela mente irrequieta, estão sempre em conflito, um sempre se contrapondo ao outro ou se autodestruindo para dar lugar a um novo, em uma contradição sem fim. Esse é o jogo da mente, não se acalmar nunca, criar movimento e ação (carma) para enredar o indivíduo na ilusão materialista e mensurável. Limitando o raio de atuação e de percepção das coisas materiais, a mente continua soberana em sua criação da dualidade, gerando prazeres e sofrimentos.

Por outro lado, o céu é a certeza da nossa imortalidade. Não existe alteração no céu provocada por nuvens ou ventos passageiros. Meditar no céu infinito nos possibilita criar uma identificação com aquilo que é permanente. Que já existia quando chegamos corporalmente a este planeta, e continuará a existir depois que nossa matéria física se consumir na terra. Portanto, a meditação é um instrumento poderoso para alcançarmos o verdadeiro Ser que nos habita. Ela nos abre a percepção de um universo sutil que transcende a matéria física e as criações psicológicas da mente.

Uma coisa, no entanto, é importante nesse processo de meditação: não transformar sua mente em uma inimiga.

Osho ensina que é importante nos tornarmos observadores dos nossos pensamentos. É o céu assistindo às nuvens passarem. Simplesmente observe os pensamentos, não tente destruí-los, deixe que eles passem naturalmente, enquanto você permanece estável no céu do Ser. Os pensamentos são como as nuvens, que ganham novas formas e se dissolvem. Tentar barrar esse fluxo de pensamentos pode criar uma guerra interior que acabará arruinando sua meditação.

As pistas deixadas por Sidarta

Há muito anos, numa meditação que fiz durante uma viagem de navio da Grécia para Israel, sentado no convés, tive uma visão em que Jesus Cristo meditava em Shiva. Assim como em Bodh Gaya, na Índia, mais recentemente, vislumbrei Sidarta Gautama também meditando em Shiva, antes de alcançar o seu estado permanente de Buda.

A cultura védica materializa a forma de Shiva como um Deus, mas, na realidade, é muito mais do que isso. Considerado o primeiro meditador do Universo, Shiva é a própria meditação, um estado de consciência que permite unir todas as coisas em um só Ser. É o destruidor do ego e o maior temor de Yama (o Senhor da Morte), porque, em sua dança cósmica de transformação, renova a vida dos seus discípulos. Mesmo a forma de um Deus é limitada para expressar esse estado de permanência suprema que Shiva representa.

É preciso meditar em Shiva e nos seus atributos para ir removendo, pouco a pouco, a capa de materialidade em que estamos enredados. Acredito que tanto Jesus quanto Sidarta tiveram acesso a esse conhecimento para se tornarem iluminados. Mesmo que se debata as naturezas divinas e predestinadas de Jesus e de Sidarta, no meu entendimento, eles foram homens comuns que alcançaram a Iluminação por meio de constantes práticas meditativas.

Algumas teorias afirmam que Jesus de Nazaré pode ter peregrinado pela Índia no período que não é descrito nos Evangelhos, entre os 12 e os 30 anos. Mais especificamente, viajado pela antiga Rota da Seda entre o porto de Haifa, em Israel, e a Caxemira, na Índia. Paramahansa Yogananda, em um de seus relatos, chegou a afirmar que os Três Reis do Oriente, descritos nos Evangelhos, eram rishis, ou sábios indianos, com grande conhecimento espiritual, que podem ter influenciado Jesus nesse período "desconhecido" de sua vida.

O fato é que Jesus, antes de ser Cristo, foi um homem comum que teve profundo contato com a meditação para alcançar seu Estado Supremo. Assim como Sidarta Gautama, um príncipe poderoso que se converteu em um sadhu andante, antes de se iluminar. Passaram por estágios evolutivos da sua espiritualidade e praticaram sadhanas diversos para despertarem do sonho de Maya (ilusão).

Na meditação que fiz debaixo da árvore de Iluminação de Sidarta, em Bodh Gaya, tive a certeza de que Jesus Cristo não era cristão e nem o Buda era budista. As religiões que surgiram no rastro da vida desses grandes Seres foram tentativas de sistematizar conhecimentos que acabaram se convertendo em um grande engano para a humanidade. Sobretudo, por valorizarem muito mais os preceitos morais e dogmáticos do que os conhecimentos espirituais. Acabaram sendo a causa de conflitos e guerras entre os homens, na contramão dos ensinamentos de paz e autolibertação, de Jesus e de Buda.

Durante a peregrinação à Índia para escrever este livro, estive por alguns dias em Bodh Gaya, no estado de Bihar. Ponto de peregrinação de milhões de budistas, o pequeno vilarejo, próximo a Gaya, tem centenas de colinas e cavernas, onde Sidarta meditou antes da Iluminação, todos com pequenos altares às deidades relacionadas com Shiva. Portanto, Sidarta meditou nessa "presença" espiritual que lhe abriu a porta para o descobrimento do seu verdadeiro Ser, o Buda.

Durante uma manhã, debaixo da árvore sagrada de Bodh Gaya, comecei uma meditação concentrado no mantra dos Sachchas, "Prabhu Aap Jago". Mas, em alguns momentos, o mantra simplesmente desapareceu, e minha meditação se tornou ainda mais intensa. Senti um grande vazio dentro do meu corpo e todos os meus sentidos foram conduzidos a um estado etéreo e vazio. Senti como se estivesse equilibrado em cima do fio de uma espada. Por um lado, fluía uma energia intensa de Maya (ilusão), com suas formas criadas pela mente. Era possível tocar esse fluxo. Enquanto, do outro lado, havia um silêncio absoluto permeado por um "nada" que continha todas as coisas criadas e não criadas.

Naturalmente, mudei de lugar algumas vezes, mas a meditação permaneceu forte e constante. Senti-me livre de qualquer conceito religioso, de culpas e de julgamentos. Simplesmente, meu Eu existia muito além de todas as minhas experiências e conhecimentos, adquiridos durante minha existência. Estava além da personalidade criada pela minha vida social. Era um Ser e estava presente no Universo, sem passado, presente ou futuro, livre dos limites da mente e da matéria.

Atribuí essas meditações que tive em Bodh Gaya à misericórdia do Senhor Buda. Ele se manifestou como Sidarta, mostrando que também tinha sido um buscador antes de alcançar a consciência suprema da verdade. Todos nós, durante a jornada existencial, somos Sidartas procurando caminhos que nos levem ao nosso Ser. E as pistas para o nosso encontro maior são reveladas pela meditação.

O Jardim de Shiva

No vale do rio Alaknanda, nos Himalaias, minha prática meditativa se tornou constante e natural. Todos os dias, eu me banhava nas águas do rio, depois escolhia uma pedra e me sentava em postura de lótus, contemplando o Sol (Surya), as montanhas e o vale. Iniciava com um mantra e, posteriormente, dirigia os meus pedidos para que o fogo da Yoga queimasse os carmas e os pensamentos negativos. Então, entrava em uma meditação profunda que as palavras não podem descrever.

Mesmo antes da viagem à Índia, em um período que passei nas montanhas da Mantiqueira, em Visconde de Mauá (Rio de Janeiro), o foco da minha meditação se estreitou.

Inspirado pelo Mestre budista vietnamita Thich Naht Hanh, aprofundei-me na técnica de caminhar meditando, com os olhos bem abertos e a observação plena de tudo ao redor. Cada passo associado à respiração e um mantra silencioso fluindo na mente para manter-me atento.

Saía da minha casa em silêncio absoluto e ia até a cachoeira, olhando com atenção aquilo que estava no meu caminho. A primeira parada, sempre para me molhar em um filete de água que desce das montanhas, ainda nos limites do terreno da minha casa. Um dia, ao tocar a água, bebê-la e passá-la na minha cabeça, fechei os olhos e viajei à sua nascente. Senti o jorro suave do líquido precioso que brota da terra para matar nossa sede, nos refrescar e confortar. Fui transportado a um Reino de Cristal e pude ver a luz se materializando, em uma simbiose alquímica, dentro da terra, na forma de água. A fonte jorrando o eterno bem-estar e limpando as agruras que se incrustam em nossa mente e causam o sofrimento.

O interessante é que essa viagem ao Reino de Cristal, onde estão todas as nascentes de água da Terra, se repetiu no vale do Alaknanda. Meditar nesse jorro constante de uma fonte de vida, livre da ação do tempo, provoca uma sensação de liberdade extrema e de desapego. A meditação abre caminho para a abstração, que nada mais é do que nossa visão intuitiva ampliada pela percepção espiritual de todas as coisas.

Os Himalaias, com suas montanhas, vales e rios, nas minhas abstrações meditativas, se revelaram como o Jardim de Shiva. Tudo naquela região parece vibrar com a sua divina dança cósmica. Além de milhares de templos e cavernas consagradas a Shiva, a própria natureza transpira o seu poder de transmutação.

Um comando poderoso nasceu no meu interior para continuar as meditações em movimento nos Himalaias: "Observe as flores do seu caminho." Um exercício eficaz para despertar nossa atenção para a bem-aventurança que nos cerca. As flores transpiram suavidade e uma diversidade infinita de cores, aromas múltiplos e uma conexão com o nosso sagrado jardim interior. Pensei durante a meditação: "Enquanto houver flores no meu caminho, estarei na direção correta. Elas são o sinal do poder da Criação Divina, da qual faço parte."

No mundo moderno, a tendência é que todos se identifiquem com o sofrimento. Ser feliz é quase um crime, em um mundo cheio de culpa e de julgamentos. As pessoas não acreditam que são, na verdade, reis e rainhas na mesa de um banquete universal, em que a abundância está disponível a todos. O padrão de identificação com o sofrimento faz com que pensem ser mendigos, implorando pelos restos do banquete oferecido a todos, e não só para os "escolhidos".

Para romper com esse padrão de miséria, caminhe e veja quantas flores estão no seu caminho. Se estiver desperto, verá flores com muitas formas, cores e aromas. Sente-se, sem medo, à mesa do banquete universal. Busque sinais que podem reconectá-lo com a fonte de vida e Criação que está em seu interior, para acabar com essa miséria ilusória.

Como diz Prem Baba, o medo da escassez provoca um jogo mental de apego que gera terríveis sofrimentos. Mesmo que alguém possua todos os bens materiais do mundo, ainda assim sofre pelo medo constante de perder tudo. Não sabe que, na realidade, não é possível possuir nada e, portanto, não há nada a se perder. Então, por que essa ilusão? Os homens e mulheres se afastaram da divindade que habita cada um e pensam ser nuvens, enquanto, na verdade, são o céu.

Portanto, a meditação é a arma mais poderosa para quem quer se livrar do sofrimento e conhecer a verdadeira realidade do Ser, usando alguma técnica ou sem técnica nenhuma. Fazendo parte de um grupo de Yoga, de uma religião, tendo um guru, um mestre, ou mestre nenhum, simplesmente medite. Chame pela meditação que ela vai se revelar a qualquer um que faça esse pedido sincero ao Universo.

Diálogos com um yogue realizado

Durante a temporada em Rishikesh, próximo ao hotel onde eu estava hospedado, no Tapovam, comecei a frequentar um Centro de Yoga, Ashram Anand Prash, dirigido por um yogue indiano, com muitos seguidores. Participei de rituais brâmanes do fogo, kirtans (cantos devocionais) e assisti a alguns Satsangs com Yogrishi Vishvketu. Um homem simples, de 40 anos, nascido nos arredores de Nova Deli, mas criado nos Himalaias, com uma formação toda voltada à espiritualidade.

O carisma e o conhecimento de Yogrishi Vishvketu me impressionaram bastante. Falava baixo e suavemente nos seus Satsangs, demonstrando quase uma timidez. Mas a sabedoria que transmitia, da sua tradição de Akhanda Yoga, é inegável.

Yogrishi Vishvketu é casado com uma canadense e tem um casal de filhos. Ele é um exemplo de quebra do paradigma estereotipado de que um yogue precisa ser celibatário e estar isolado do mundo para alcançar sua realização espiritual.

Yogrishi Vishvketu é um homem comum, que poderia estar exercendo qualquer profissão para sustentar a sua família. Mas fez da Yoga a sua prática, a sua Filosofia de vida e a sua profissão. O yogue não é de falar muito, mas emana uma energia luminosa, perceptível muito além das palavras.

Nesse diálogo rápido que tive com Yogrishi Vishvketu, dá para conhecer um pouco do seu entendimento da vida espiritual, engajada neste mundo turbulento em que vivemos.

Yogrishi Vishvketu, pode falar um pouco sobre você, sobre a sua história?

Sobre a minha história ou a história deste corpo?

Você escolhe...

Então vou falar sobre a história deste corpo, que eu obtive através dos meus pais há quarenta anos. Eu nasci na casta dos guerreiros (Kshatriya-Xátrias). Desde criança, aos 4 ou 5 anos, eu já fazia a minha prática espiritual. E, desde então, tenho um caminho muito definido, uma ideia muito clara do que estou fazendo e do que vou fazer na minha vida. O meu carma é compartilhar alguma felicidade com as pessoas.

Onde você nasceu?

Eu nasci perto de Nova Deli, mas fui criado nos Himalaias.

Você teve alguma outra profissão além de mestre de Yoga?

Não. Eu nasci em uma família de agricultores. Desde muito cedo, minha educação foi direcionada para a vida espiritual.

Você agora é casado e tem filhos?

Sim. Tenho uma menina e um menino.

Geralmente, as pessoas pensam que um yogue é celibatário e fica meditando na montanha ou em uma caverna, que não pode ter uma vida comum. O que você pensa sobre isso?

Eu acho que todos deviam se casar. Essa é a coisa mais espiritual. É isso que te dá experiência de vida. Algumas pessoas que não são casadas tentam guiar pessoas casadas. Isso não está certo. Eles não têm a experiência do que é ter filhos, não sabem das responsabilidades, dos problemas e das alegrias relacionadas a isso. Pessoas que nunca se casaram e não tiveram filhos não têm a menor ideia. É como ensinar alguma coisa sem ter experiência prática. Para mim, é importante que a pessoa espiritualizada se case, adquira a experiência e compartilhe essa experiência com o mundo. Antigamente, nossos yogues e santos, bem como os deuses, eram todos casados.

É possível para um homem comum, com tantas atribulações do cotidiano, seguir o caminho espiritual?

Eu acredito que, se você é normal, já é uma pessoa espiritualizada. Se você é anormal, está fazendo coisas desnecessárias. Uma pessoa normal não precisa fazer nada. Ser normal significa ter uma personalidade feliz, alegre, divertida, destemida. Essa é a forma normal, o resto é anormal. Qual a definição dessa expressão "homem comum"? Pra mim, "homem comum" é qualquer um que está desenvolvendo as suas atividades diárias e levando a vida normalmente. Isso é o comum. Todas as pessoas comuns são pessoas espiritualizadas. E todas podem fazer Yoga. Se elas são comuns, estão fazendo Yoga. Se alguém está tentando não ser comum, significa que há algo que precisa ser trabalhado. Você me entende? Se alguém quer ser incomum, então terá que fazer duas vezes mais Yoga que uma pessoa comum (risos).

Algumas pessoas, sobretudo no Ocidente, pensam que Yoga é uma série de posições, de posturas etc. Mas o que é Yoga?

Essas são as ferramentas do yogue: asana, pranayama, cantar mantras, fazer agni mudra e puja, para alcançarmos o Divino. Assim como você usa as escadas para chegar a um andar mais alto deste prédio, nós usamos essas técnicas. Elas ajudam a preparar o corpo, a mente e o ambiente para sermos capazes de lidar com experiências mais profundas do nosso Ser, com a nossa conexão espiritual, e nos ensinam, simplesmente, a estar presentes.

Em um mundo cheio de modismos, a espiritualidade também corre o risco de ser um produto de consumo. Existe sempre o perigo de a pessoa estar se enganando e usando uma máscara espiritual. O que você pensa sobre isso?

É verdade, muitas pessoas usam essa máscara espiritual. Elas são um problema para elas mesmas e para a sociedade.

Se você se espiritualiza, se torna útil para você mesmo e para a sociedade. Ser espiritual significa ser muito útil para você mesmo e para a sociedade.

Outro dia, no seu Satsang, você falou sobre prana. Eu senti uma força sutil no meu corpo e passei a prestar mais atenção ao prana durante as minhas meditações. Você acredita que o prana pode curar qualquer doença no corpo?

Sim, claro! Nós estamos aqui trocando prana. O prana nos eleva. Você, às vezes, encontra uma pessoa e se sente elevado. Você vai a algum lugar e, mesmo sem saber, tem alguém lá que o faz se sentir elevado. Esse é o corpo prânico. O corpo prânico trabalha para apoiar os pranas inferiores.

O que acontece com o prana quando o corpo físico morre?

Quando o corpo físico morre, ainda resta o dhananjaya prana, que decompõe o corpo. Quando o corpo está decomposto, você viaja com o prana sutil para encontrar um novo corpo físico.

Você se considera um homem realizado?

Em muitos aspectos, sim. Em outros, eu ainda preciso trabalhar. Estou realizando alguma coisa, mas há mais a ser feito.

Você realiza um trabalho social com o movimento gerado pela sua atividade?

Esse trabalho social é algo que eu, com a ajuda de um grupo de pessoas, faço para ajudar na educação das meninas da área rural na Índia. Temos uma escola, atualmente com trezentas crianças. Nós fornecemos livros, educação e roupas para elas. Esse é um trabalho social que eu desenvolvo. Além disso, todo domingo, nós alimentamos pessoas carentes. Fazemos a comida, levamos até elas e as alimentamos. Eu, usando os recursos do ashram, também ajudo pessoas doentes que, por exemplo, precisam de cirurgias oculares. Quando alguém sem recursos precisa de uma cirurgia, o ashram arca com as despesas. O ashram pode ser um instrumento para algumas pessoas. Então, fazemos tudo o que está ao nosso alcance.

Existe uma contradição na Índia entre o espiritual, que é muito elevado, e o social, que muitas vezes nos parece atrasado. Qual a sua opinião sobre isso?

O que está acontecendo é que uma das maiores e mais belas coisas da Índia é o seu sistema de crenças. Todo mundo acredita em alguma coisa. Nesse ou naquele Deus, nessa ou naquela Filosofia. Existem muitos tipos de Filosofia na Índia. Todos acreditam em alguma delas. Outra coisa é que a Índia nasceu e cresceu da atividade agrícola. Foi assim por muitos milênios, e agora as coisas estão mudando. As pessoas não estão acostumadas com certas coisas. Como, por exemplo, a utilização das sacolas plásticas. O advento das sacolas plásticas foi uma coisa horrível para a Índia. E a razão disso é que, antes disso, as pessoas usavam sacolas de papel ou tecido, e como estavam acostumadas a descartá-las em qualquer lugar, essas sacolas se autorreciclavam. Agora, com as sacolas plásticas, isso não é mais possível, mas o costume é muito antigo e leva tempo para mudar.

O mesmo acontece com a questão das mulheres. A Índia foi governada por cerca de 1.500 anos por diferentes culturas e governantes, que não eram indianos, que vieram de fora e passaram a governar. Então, essa questão da maneira como a mulher é tratada surgiu durante esse período. Porque, antes disso, a mulher era altamente respeitada. Até mesmo hoje em dia, todas as casas são administradas por mulheres. A maior parte das decisões do dia a dia é tomada por mulheres. Então, sim, existe uma desigualdade, uma falha, e a razão disso é a cultura e de onde ela veio. De milênios de atividade agrícola, da dominação por outros povos. Quando um povo é dominado, surge o medo e muitas outras coisas ruins. Então, esse foi o estrago. Mas as coisas estão mudando paulatinamente. De dez anos pra cá, a questão dos direitos da mulher tem progredido, há mais mulheres no Parlamento, há mais professoras do que no passado. As coisas estão melhorando. A Índia só obteve sua independência há cerca de sessenta anos, e ainda estamos tentando trabalhar os 1.500 anos de mudanças culturais e outras coisas. Acho que estamos indo bem, e ainda há um longo caminho a ser percorrido.

Você acredita que a mudança, não só na Índia, mas no planeta, pode ser feita por meio da política?

Certamente! A mudança política precisa ser feita, e ela está acontecendo.

11. O DESPERTAR TRANSCENDE AS FRONTEIRAS

O conhecimento e a verdade não têm nacionalidade. Isso faz parte da memória coletiva da humanidade. Qualquer homem comum pode acessar o conhecimento espiritual. Basta buscar a sintonia pela meditação e pelo autoconhecimento. A espiritualidade é inerente ao ser humano. Ainda que alguém esqueça de sua espiritualidade, ela ainda estará ativa dentro dele.

A questão é despertar da sonolência da ilusão e ter coragem de olhar para o nosso verdadeiro Ser. Isso pode acontecer de diversas maneiras e por diferentes caminhos. Ninguém está limitado à nacionalidade relacionada ao lugar onde nasceu. Somos todos seres universais, as fronteiras foram criadas por homens, não por deuses.

O preconceito é um impedimento, uma das maneiras de a ignorância agir. As civilizações ocidentais criaram um padrão para avaliar as pessoas. Por nacionalidade, gênero, cor, raça e ocupação. Isso é uma restrição ao que representa, na verdade, cada ser humano. Essas características não conseguem definir ninguém. O que cada um carrega dentro de si transcende essas limitações. O importante é a busca pelo amor e pelo conhecimento. Isso está em todos os buscadores que trilham os mais diferentes caminhos espirituais. Cada um vai encontrar o meio mais fácil e com o qual se identifica, para se realizar. Não importa a forma.

Muitos anos atrás, durante uma palestra do escritor Paulo Coelho, em Buenos Aires, me lembro da pergunta que ele fez à plateia: "Você sabe se você é homem ou mulher, branco ou negro, argentino ou brasileiro, quando está dormindo?" Quando estamos em estados sutis de consciência, essas questões de gênero, raça, nacionalidade ou opção sexual não são relevantes. Durante a meditação, podemos entrar em contato com o nosso verdadeiro Ser, que está muito além desses julgamentos e discriminações, criados pela mente.

Vencendo barreiras para difundir a luz

Prem Baba enfrentou preconceito por não ter nascido na Índia. É interessante porque, no Brasil, ele é julgado por ter adotado o caminho do Sanatana Dharma, ou seja, a crença no poder guru. O fato de se vestir como um indiano, de ter deixado as barbas crescerem e ter adotado um nome em sânscrito desperta a desconfiança de muita gente. Por outro lado, na Índia, os hindus mais tradicionais não acreditam que um estrangeiro possa ocupar a posição de um guru, em uma Linhagem espiritual tradicional, e ser um mestre verdadeiro para conduzir as pessoas à luz.

Essa questão, porém, não impediu Prem Baba de seguir a sua jornada. Ele tem trabalhado, incansavelmente, tanto no Brasil quanto na Índia, para cumprir a Missão dada pelo seu Mestre Maharaj. Prem Baba me contou como se sente em relação a esses julgamentos sobre a sua origem, tanto pelos brasileiros quanto pelos indianos.

No início, fui muito questionado. Quando comecei a dar Satsangs, houve uma mudança no meu comportamento, e muita gente torceu o nariz. Na realidade, foi quase como um salto. De uma hora para outra, aquele que era o terapeuta passou a ser um mestre espiritual. Algumas pessoas ficaram realmente curiosas. O que, de fato, está acontecendo com ele? E, quando comecei a me tornar mais conhecido, porque fui ao mundo para realizar diversas ações sociais, acabei tendo maior exposição na mídia. Então, houve um questionamento ainda maior. Uma grande parte da população não entende nem sabe o que é um guru. Por isso, evito a palavra guru, *porque sei que poucos conhecem e entendem o que é o guru. Prefiro usar expressões como mestre espiritual ou humanitário, por conta das ações sociais que desenvolvo. Mas, aos poucos, estou desfazendo os equívocos com a palavra guru. No entanto, nunca vou negar minha história com o meu Mestre Espiritual, que é o meu guru. Não posso negar que faço parte de uma tradição guru-discípulo. A minha Linhagem espiritual é a de guru-discípulo. Eu sou um discípulo e também sou um guru.*

O fato de você ser do Brasil e seu mestre ser indiano não gerou desconfiança nos discípulos dessa Linhagem Sachcha?

No começo, sim. Eu acredito que, até hoje, tem um ou outro que não aceita tão confortavelmente o fato de eu ser estrangeiro. Não importa ser brasileiro ou não, a questão é ser ocidental, porque alguns hindus têm muito preconceito contra ocidentais. Obviamente que existem adeptos que são muito amorosos com os ocidentais. Querem conhecer, se aproximar e se unir. Mas existe o fundamentalismo também, dentro do Hinduísmo e em várias linhas de Yoga e de meditação. Sei que existem alguns seguidores do meu mestre espiritual da Linhagem Sachcha, que, apesar de não comentarem diretamente comigo, ainda não absorveram completamente essa transmissão que me foi dada pelo meu Guru Maharaj, por eu ser um ocidental.

Seguindo em frente com o Dharma

Prem Baba, apesar dos preconceitos naturais que a sua Missão de guru desperta, tem aumentado o número de discípulos em todo o planeta, inclusive na Índia. Acompanhei-o em uma viagem a Ganganagar, no Rajastão, para uma visita a seus seguidores indianos. Prem Baba falou sobre a sua experiência em atender os indianos como guru.

Isso faz parte do meu Propósito maior, do meu Sankalpa e da minha promessa. Estou atuando na Missão Sachcha, espalhando a luz de Sachcha no mundo, para realinhar as pessoas com o Dharma. Então, assim como eu estou levando o Sanatana Dharma para o Ocidente, estou trazendo de novo o Sanatana Dharma para a Índia. Porque muitos indianos se esqueceram desse caminho e acabaram se encantando com a matéria e preferindo a realização material, em detrimento do espiritual. Portanto, está sendo bonito o fenômeno de ver essas pessoas resgatando o Dharma, a devoção, o amor pelo guru, e reencontrando o caminho da Iluminação.

O cineasta indiano Anoop Chatterjee, que fez um documentário sobre Prem Baba e a Linhagem Sachcha, em uma entrevista comigo, comentou essa questão do preconceito em relação ao Prem Baba por ele não ser indiano.

A Linhagem Sachcha é muito antiga, descende de Narada, e muito tradicional na cultura védica. Como os indianos lidam com o fato de Prem Baba ser brasileiro?

A pessoa que vai dar seguimento à Linhagem Sachcha pode ser de qualquer lugar, do Brasil, da China, de qualquer parte. Hans Raj Maharaj já tinha visto Prem Baba. Ele disse que havia uma pessoa que chegaria até ele. E Prem Baba, quando jovem, também sonhou com o Maharaj. É verdade que ele é brasileiro, não é do Sanatana Dharma, mas recebeu o Parampara (transmissão da graça de um guru). A tradição Sachcha diz que, para ser guru, é necessário ter a essência e os valores que precisam ser promovidos para o despertar das pessoas. E Hans Raj Maharaj sabia que a tradição Sachcha tem que ser difundida em diferentes partes do mundo. Por isso, o Maharaj tinha discípulos de muitas partes do mundo e, entre eles, escolheu Prem Baba para dar prosseguimento à sua Missão.

Na Linhagem, inicialmente, isso foi um problema. Foi um problema também para Prem Baba, porque os outros gurus que estavam lá pensavam que ele era um ocidental. Logo, chegavam à conclusão de que ele devia comer carne, então, isso foi um grande entrave para que o aceitassem. Para o Maharaj nunca foi problema, mas para os outros, sim. Mas, aos poucos, eles perceberam que Prem Baba não era desse tipo. Não necessariamente todo estrangeiro come carne. Então, eles o aceitaram e, gradualmente, Prem Baba pôde entrar no lugar principal.

Sorrindo com o coração

Um dos indianos seguidores do Guru, o comerciante Manoj Bhardwarj, de Rishikesh, é uma testemunha dos acontecimentos que resultaram no florescimento espiritual de Prem Baba. Ele conheceu o buscador Janderson quando chegou a Rishikesh em busca do seu mestre espiritual. Manoj sempre foi umas das pontes entre Prem Baba e os seguidores do seu Guru Maharaj.

Mr. Manoj, como os indianos reagiram ao fato de Prem Baba ser brasileiro? Existe algum preconceito?

Isso é o nosso ego trabalhando lado a lado. Os indianos não estão entendendo quem é Prem Baba e que tipo de trabalho ele está fazendo. Ninguém está pensando sobre a missão dada a ele por Giri Nari Baba, Sacha Baba e Maharaj. Não pensam que toda a Linhagem quer que o trabalho seja feito por Sri Prem Baba. É muito difícil para os indianos entenderem.

Eu estive no Brasil, nos Ashrams de Alto Paraíso e Nazaré Paulista, a convite de Prem Baba. Somente lá pude ter a dimensão de qual é a Missão de Sri Prem Baba, o que ele está fazendo e qual a sua mensagem ao mundo. Porque essa Missão não é só de Sri Prem Baba, mas de toda a Linhagem Sachcha. É de Kachcha Baba, Giri Nari Baba, Sacha Baba, Maharaj, sempre um passando para o outro. E o Maharaj entregou a Missão a Sri Prem Baba, para ele espalhar a mensagem do amor por este mundo louco.

Você acredita que o Maharaj entregou o poder do guru a Prem Baba?

Imediatamente, Maharaj deu todos os poderes a Sri Prem Baba. Nós ainda entenderemos todas essas coisas, mas isso levará tempo. Talvez isso dependa do que o Maharaj está pensando fora do corpo, do que Sacha Baba, Giri Nari Baba e Kachcha Baba estejam pensando. Eu penso que, quando o momento certo chegar, tudo ficará da maneira correta. Quando chegar a hora, isso acontecerá. Nós teremos que aceitar tudo o que Prem Baba está fazendo no momento presente. Teremos que entender que isso é a verdade.

Qual a Missão da Linhagem Sachcha?

Acordar o amor em cada coração. Cada coração deverá estar cheio de amor. Quando o amor estiver lá, não haverá nenhum ego, nenhuma guerra. Isso é chamado "Acordar o amor". Que o amor acorde em cada coração. Essa é a Missão da Linhagem Sachcha.

O caminho espiritual é só para os homens especiais ou os homens comuns também podem acordar?

A maioria dos discípulos de Sri Prem Baba é muito jovem. E é muito difícil mudar a opinião dos jovens, que são o futuro deste mundo. Então, isso pode e irá acontecer. Todos os corações ficarão cheios de amor. Essa é a lição da Linhagem Sachcha que está sendo ensinada por Sri Prem Baba. Vejo muitas pessoas que estão lá, nos Satsangs de Prem Baba, cheias de amor. Elas vivem como uma família e estão prontas para ajudar umas às outras. Não há ego na mente delas, porque estão cheias de amor e estão amando. Você vê os rostos sorrindo e não é comum ver sorrisos naturais nos rostos, as pessoas sempre têm alguma coisa. Mas mesmo os discípulos, que têm muitos problemas, sorriem de dentro do coração. Isso se tornou um hábito na vida deles, por isso, sorriem do coração. É muito difícil isso acontecer, hoje em dia. Pouquíssimas pessoas sorriem do coração.

O despertar é universal

Durante a temporada de Rishikesh, em 2017, conheci uma jovem estudante indiana, Sheetal Negi, de 26 anos. A família dela mora em Himachal Pradesh, mas Sheetal fazia um curso avançado (uma especialização) em educação, em Dharamsala, no Norte da Índia. Ela estava passando férias em Rishikesh e a convidei para assistir a um Satsang de Prem Baba. Eu estava curioso para saber como uma jovem indiana reagiria ao ensinamento de um guru brasileiro. O depoimento de Sheetal é uma amostra de que a energia espiritual pode fluir de qualquer mestre verdadeiro, indiferente da sua nacionalidade.

Você poderia falar um pouco sobre você?

Sou estudante e estou fazendo um curso de treinamento de professores. É um curso de pós-graduação e, depois, se eu passar na prova, vou poder ensinar em escolas. Sobre a minha família, meu pai é diretor de uma escola do governo e minha mãe é médica-administradora em um hospital do governo.

E como foi a sua experiência no Satsang do Prem Baba?

Eu tive uma experiência muito poderosa com ele. Quando ele nos pediu para fechar os olhos e nos concentrarmos na respiração, foi como se algo em mim, alguma energia ou consciência, fluísse muito rápido de baixo para cima, a um nível muito elevado, na minha mente. Eu pude sentir uma energia muito calmante, mas, ao mesmo tempo, muito poderosa, em minha mente. Então, quando ele pediu que abríssemos os olhos, eu não queria abrir, porque eu estava me sentindo muito bem! Mesmo depois que abri os olhos, ainda estava em um leve transe. Ao mesmo tempo, estava muito focada, absorvendo tudo o que ele falava, com muita atenção. Entrei num estado elevado de consciência. Ele me ajudou a entrar nesse estado, porque, de outro modo, é muito difícil pra mim. Eu sou muito inquieta e é muito difícil me sentar, relaxar e me acalmar. Mas foi na presença dele que consegui isso, ele me abriu para essa experiência. Ele estava falando sobre amor e liberdade... Acho que foi o amor dele que me abriu. Eu gostei muito de estar lá, e fiquei muito feliz. No final, eu estava tão feliz que queria gritar! Foi uma experiência muito boa!

Você tem alguma prática espiritual no seu dia a dia? Você é religiosa?

Não, eu não posso dizer que tenha uma prática espiritual. No entanto, sempre imaginei que haveria algo mais na vida. Tenho lido diferentes filosofias, tenho estudado o Budismo e o Hinduísmo. Porque eu penso que, se você quer encontrar a verdade, tem que analisar as múltiplas dimensões da vida. Então, tenho estudado tudo isso, tentando entender outros pontos de vista. Mas não sei por que eu sempre relutei em me aprofundar na prática. Não sei o motivo, mas sempre tive medo de entrar em meditação sozinha. Mas acho que tenho bastante conhecimento acerca do que é Paramatman, do que é religião, do que é meditação, da dualidade e não dualidade, do conceito de Deus, da supraconsciência e de outros níveis de consciência...

Eu sei sobre tudo isso, mas, no que diz respeito à prática, não posso dizer que seja uma boa praticante, eu não sei muito sobre o assunto, porque não fui acostumada com isso. No entanto, minha experiência com Prem Baba foi muito poderosa, então acho que tenho potencial para ir mais fundo, se eu me permitir.

Você me falou que a experiência com Prem Baba te fez lembrar do seu avô, que era xamã. Você pode comentar?

Sinto que tenho um pouco de mediunidade, porque eu sonhava e as coisas que eu via nos sonhos aconteciam. Após um período de tempo, eu percebia que já tinha visto determinada coisa em sonho. Há também outras coisas... Por exemplo, eu sinto a energia das pessoas e coisas assim. Talvez isso aconteça porque o meu avô, Sri Chet Ram Negi, era um xamã muito poderoso, no nosso vilarejo.

Que tipo de xamã?

Temos nossas entidades em nosso vilarejo. E uma dessas entidades era um asura (um Ser de transporte como um Exu), mas que também ajuda as pessoas. Então, ele costumava entrar no corpo do meu avô, que ficava em transe. E muitas pessoas doentes iam até ele para serem curadas. Ele botava a mão na testa das pessoas para abençoá-las e elas ficavam boas, mesmo sem a ajuda de remédios. Além de curandeiro, ele também fazia previsões do futuro. Ele morreu cedo, com cerca de 68 anos, porque, quando estava em transe, o efeito era tão grande que ele botava ghee (manteiga) no carvão em brasa e comia. Por causa disso, seus pulmões e outros órgãos internos ficaram danificados.

12. QUEBRANDO O CICLO DE SOFRIMENTO

Um dos propósitos da Linhagem Sachcha é criar campos de oração em todos os lugares onde os seus gurus realizam trabalhos espirituais. Como um dos herdeiros desse conhecimento, Prem Baba, em suas andanças, estimula as pessoas à meditação e à autoinvestigação, criando uma aura de proteção por meio desses campos de oração, que se expandem com a presença do Guru.

Nos Ashrams da Linhagem Sachcha na Índia, assim como no Brasil, nos centros criados por Prem Baba, em Alto Paraíso de Goiás e Nazaré Paulista, a atmosfera de silêncio e meditação é predominante. Portanto, são lugares propícios ao autoconhecimento. E, para se autoconhecer, o buscador necessita identificar as suas sombras interiores, manifestadas através do medo, que provoca a maioria das doenças, tanto físicas quanto psicológicas. Assim, poderá acessar um novo estágio de consciência para se estabelecer, com segurança, na presença divina que habita todos os seres.

Durante um Satsang na Universidade Federal do Acre, em Rio Branco, na Amazônia, em julho de 2017, uma jovem estudante perguntou a Prem Baba sobre as causas do sofrimento. Ele respondeu:

A causa do sofrimento é a contradição que as pessoas alimentam dentro delas. Uma parte vai para um lado e a outra, para outro lado. Um lado deseja a saúde e o outro, a morte. Pode parecer absurdo que alguém deseje morrer. Mas, sem perceber, as pessoas acabam comendo o que faz mal e fazem coisas nocivas que vão machucar o próprio corpo. A contradição é a raiz da fragmentação da personalidade. A única possibilidade de romper com esse ciclo é o autoconhecimento, capaz de criar a desidentificação com o sofrimento. O objetivo maior desta encarnação é amar a Terra e todos os seus filhos e filhas, sem querer nada em troca.

Eu mesmo, na temporada de Satsangs, no Ashram de Alto Paraíso (GO), de 2017, poucos dias antes, havia conversado com Prem Baba sobre o ciclo de sofrimento que se instalou no planeta. Perguntei como as pessoas, tanto no plano pessoal quanto no coletivo, podem quebrar as correntes obscuras de uma prisão, decretada pelo inconsciente coletivo, para se libertarem da miséria que as cerca.

Tenho oferecido diferentes ferramentas para auxiliar no processo de transformação do sofrimento e na autoinvestigação daqueles que me procuram. Tenho ensinado um método que une a psicologia à espiritualidade, a fim de identificar os nós das heranças que carregamos e que são as causas da geração dos sofrimentos. Mas, em síntese, o que promove realmente a transformação e a liberação do ciclo do sofrimento é a sadhana, a prática espiritual. A entrega ao serviço devocional, com a dedicação do tempo e da energia de cada um a essas práticas. Isso é que permite que os trabalhos psicoespirituais floresçam e apresentem os seus resultados. Todo esse processo de autoconhecimento só tem sentido se for materializado em atitudes concretas do dia a dia. São sementes que estamos plantando para fazermos a colheita mais adiante. Mas o adubo essencial que vai estimular a semente a brotar, dar flores e frutos é a graça do mestre espiritual. Essa energia que propicia a transformação, desprendida do guru para os seus discípulos e seguidores, segundo a nossa Linhagem Sachcha, só é conquistada através do sadhana, da entrega, do esvaziamento interior, do serviço desinteressado (seva) e da devoção. Essas práticas deixarão o caminho aberto para o buscador receber a graça do mestre, transformando essas sementes, plantadas durante o processo de autoinvestigação, em flores e frutos.

Uma porta de luz para o mundo

Também indaguei Prem Baba sobre as mudanças para acabar com o sofrimento no plano planetário. Ele respondeu:

Em termos globais, o que vai propiciar o salto quântico da evolução da consciência, a liberação do sofrimento e a possibilidade de os seres humanos viverem uma vida com mais harmonia, prosperidade e amor, é o resgate da espiritualidade. Estamos atravessando um momento planetário em que as pessoas estão vivendo uma miséria muito profunda por conta da desconexão com a espiritualidade, que é o único caminho seguro que nos possibilita transmutar nossas dores. Sem o conhecimento das práticas espirituais, não há como transformar o veneno em néctar, a doença, em saúde, a morte, em imortalidade. Temos que ter esse agente alquímico ativo em nosso Ser, para haver a possibilidade de transformarmos o nosso universo interior mais profundo. As pessoas precisam se voltar para a espiritualidade para reaprenderem o caminho de volta à nascente primordial do Ser. E isso só é possível por meio de práticas. A sadhana precisa ser resgatada, seja pelo silêncio, mantra ou oração, não importa, são muitas as possibilidades para despertar essa espiritualidade. Mas é preciso se voltar para dentro e se reconectar com o Dharma (ação correta) para encontrar o caminho que nos leva para nossa fonte de vida.

Um "pouquinho" para ser ouvido

Prem Baba também falou sobre o momento delicado que as pessoas atravessam em um mundo cada vez mais materialista e dividido por divergências políticas e econômicas.

Parece um paradoxo, mas não é. Nas contradições extremas que atravessamos, existe um encaixe. Esse contraste do momento que vivemos mostra tanto o preto quanto o branco, mais nítidos e ressaltados. Por um lado, um caos, essa desordem toda, uma desestruturação dos principais segmentos da sociedade, especialmente na política e na economia. Vemos tudo de cabeça para baixo, o que nos dá a sensação de que o ser humano está em um beco sem saída.

Ao mesmo tempo, vejo esse momento como completamente auspicioso e abençoado. Porque, desse caos, pode nascer uma coisa nova. Eu diria que nunca houve um momento tão auspicioso (favorável) aos buscadores espirituais. Nunca houve na Terra, até onde eu posso enxergar, um momento tão fácil para acordar, tão fácil de ser ouvido a respeito do grande mistério.

O Maharaj dizia que, em momentos assim, se orarmos um pouquinho, Deus já nos ouve (risos). Se meditarmos um pouquinho, já recebemos as bênçãos. Mas admito que também nunca foi tão difícil fazer esse pouquinho (risos), devido a esse caos.

Mas é verdade que, praticando um "pouquinho", já é possível atravessar essa nuvem de resistência e de ceticismo e ser atendido. É um momento realmente auspicioso, porque existe uma chance concreta de um despertar em massa. É isso que visualizo, e estou trabalhando para um despertar em massa. Sei que não estou sozinho nisso, muitos outros mestres estão trabalhando com esse objetivo. Na verdade, estamos forjando os alicerces dessa Nova Era, já há bastante tempo. Estou vendo raios dourados atravessando as nuvens escuras. Está chegando aos poucos, e, em alguns lugares, já chegou. É uma questão de pouco tempo para vermos tudo mais iluminado.

O buscador está se sentindo desconfortável em sua vida porque sabe que tem algo a mais a fazer por si mesmo. Essa insatisfação significa que está ouvindo o chamado para buscar um Propósito maior. Então, precisa se dedicar um pouco mais às práticas espirituais. Mesmo que seja um "pouquinho", será atendido, com certeza.

Epílogo

Além das expectativas...

Dentre as criações, eu sou o início, o meio e o fim, ó Arjuna.
Dentre os conhecimentos, sou o autoconhecimento...

Bhagavad Gita

Na temporada de Prem Baba em Alto Paraíso, em 2016, o Guru tocou várias vezes em um ponto que considero importante para a realização espiritual de qualquer buscador: o abandono das expectativas. O caminho do autoconhecimento não permite que se engane a si próprio. Esperar que na jornada as coisas aconteçam como num roteiro previsível de cinema é um erro. O escudo mais poderoso que um buscador tem à sua disposição é a fé. Essa é a única garantia segura para se chegar ao ponto de destino.

A mãe de uma amiga minha do Rio de Janeiro, quando era convidada a participar dos trabalhos com o Santo Daime, costumava torcer o nariz e dizer que isso sempre envolvia "certos desconfortos". Na verdade, ela queria dizer que nada era previsível em um trabalho espiritual, seja ele da linha que for. Isso assusta, realmente, e pode causar desconforto às pessoas. Então, para se dar um passo na vida espiritual, minha sugestão é que você faça uma entrevista consigo mesmo.

Indague sobre sua vida. Faça uma análise e veja se você está encaixado no mundo. Sinta se tem dúvidas sobre a sua existência e se elas te incomodam. Você será capaz de encarar a morte com tranquilidade e consciência? Pergunte a si mesmo: a minha vida está fluindo? Estou satisfeito? Importa-me saber quem eu sou realmente? Para que eu nasci? Qual o meu Propósito nesta encarnação?

Estas são as questões básicas que impulsionam qualquer buscador em direção à verdade. Quem está completo e acredita se bastar com as realizações materiais não vai passar por "certos desconfortos" para alcançar sua evolução espiritual. Mas quem empreender essa jornada de autoconhecimento deve abandonar qualquer expectativa. Simplesmente, siga com fé, já sabendo que sua mente vai tentar aprontar muitas vezes. Ela vai te iludir e, às vezes, até tentar remover o seu escudo de fé. Não vão faltar flechadas, dores e sangramentos.

Mas, se você estiver determinado a alcançar o seu próprio Ser, o sangue se transformará em seiva curadora, as flechas pontiagudas, em chuva de flores, e as dores, em êxtase. O próprio Prem Baba, durante o Maha Shivaratri, falou: "Na medida do possível, vamos atendendo às suas necessidades", referindo-se à Filosofia Sachcha, de colheita dos frutos da devoção. Mas, para isso, é importante o buscador saber quais são as suas verdadeiras necessidades, porque existe muito engano do ego e carência criada pela mente como fuga do verdadeiro Propósito. Às vezes, as pessoas pensam que precisam daquilo que é totalmente descartável e até mesmo nocivo à sua jornada.

Não há garantia de quando e onde a transmutação completa acontecerá. A Iluminação pode demorar muito tempo, muitas encarnações. Então, por que se preocupar com isso? O importante é perseverar. Também não imagine um caminho reto. Você vai cair muitas vezes e até abandonará tudo o que já conseguiu. Pode vir a culpa, que, como diz Prem Baba, "sela a porta do inferno da dúvida". Mas, se a semente da busca pela verdade estiver plantada com amor, no seu interior, ela sempre vai rebrotar.

Para se tornar um devoto da "verdade", não é preciso nenhum manual comportamental. Os estereótipos de buscadores que se punem, deixando de comer carne, abstendo-se de sexo e outros sacrifícios, enquanto a mente continua fervilhando de desejos, não servem. São máscaras que podem cair a qualquer momento. É o comportamento amoroso, a humildade e a sinceridade da busca, que lhe dão firmeza para prosseguir no caminho. Tornar-se vegetariano ou abster-se de sexo, em alguns momentos, pode ser importante, mas, definitivamente, não é isso que vai resolver a questão da sua busca. Decisões comportamentais são absolutamente pessoais e devem ser tomadas com convicção e não por mero capricho. Nem para mostrar aos outros, criar uma máscara de espiritualidade, como já foi comentado em um capítulo anterior.

O Propósito da existência de qualquer homem ou mulher comum é o despertar do amor. É importante que, em um primeiro momento, a identificação seja com o caminho e não com o ponto a alcançar, para não criar expectativas que acabam gerando sofrimentos inúteis.

Osho, em um dos seus livros, diz que o mais importante para o buscador é fazer perguntas, sem esperar obter respostas. Para ele, a partir das perguntas cruciais a qualquer buscador, a mente se encarregará de dar infinitas respostas. Assim, será difícil identificar qual é a verdadeira. Respostas elaboradas pela astúcia da mente não servem, porque você continuará perdido. Então, melhor mesmo é confiar na intuição, que vai prevalecer, e, mais do que respostas criadas pela mente, vai levá-lo a encontrar o que está buscando.

Na realidade, não precisamos de resposta alguma. Só de nos realizarmos como seres integrais, sem a divisão de materialidade e de espiritualidade. Quando alguém desperta, as formas intelectuais formuladas por palavras, os rituais místicos, a religiosidade, tudo isso não tem a menor importância. É coisa do ego. O encontro está dentro de cada um e, por isso, não adianta ficar batendo cabeça.

Na literatura sagrada universal, temos muitos exemplos de homens comuns que despertaram do sono de Maya sem serem avatares predestinados. Além dos exemplos citados neste livro, dos gurus da Linhagem Sachcha, se procurarmos, encontraremos uma infinidade de exemplos de homens comuns que alcançaram a consciência suprema e a imortalidade. As crônicas dos santos católicos estão cheias de histórias de homens e mulheres que atingiram um grau elevado de consciência. São Francisco de Assis, Santa Clara,

Santa Bernadete, entre tantos outros. Pessoas comuns que foram alçadas a uma vida supraconsciente.

Nas tradições caboclas da Amazônia, temos grandes mestres que ascenderam ao estado permanente de consciência desperta. Mestre Raimundo Irineu Serra, Padrinho Sebastião Mota de Melo, Mestre Daniel, Mestre Gabriel, sem falar naqueles que ainda estão encarnados, realizando sua obra no mundo. A Umbanda também fala dos "caboclos", que, na verdade, eram índios da floresta que alcançaram um estado elevado de espiritualidade e se tornaram guias e curadores, como Tupinambá, Sete Flechas, Pena Verde, entre outros.

Na Índia, tem um santo que sempre me chamou a atenção: Nisargadatta Maharaj, que se iluminou sendo um simples comerciante de tabaco em Mumbai. Aos 36 anos, ele conheceu o seu Guru, Siddharameshwar Maharaj, que lhe disse: "Você não é o que pensa ser." A partir desse momento, Nisargadatta Maharaj despertou para a sua realidade interior.

Meu Guru ordenou-me que persistisse no pensamento "eu sou" e não desse atenção a nada mais. Eu apenas obedeci. Não seguia qualquer curso particular de respiração, ou meditação, ou estudo das escrituras. Retirei a minha atenção de tudo e permaneci com o sentimento "eu sou". Pode parecer simples demais, mesmo cru. Minha única razão para fazê-lo foi que o meu Guru me disse isso. No entanto, deu certo.

Seguindo as instruções de se concentrar na sensação de "eu sou", Nisargadatta Maharaj usou todo o seu tempo livre à procura de si mesmo, em silêncio. Ele peregrinou pela

Índia, mas continuou a ser um comerciante e um homem de família, em Mumbai, até o fim da vida corporal. Um exemplo de homem comum que alcançou o mais alto grau de consciência, sem se isolar do mundo.

Entusiasmo para seguir

Uma palavra-chave para a compreensão da busca espiritual é "entusiasmo". Do grego, *in theos* (Deus dentro), *asmo* (em movimento). Ou seja, seguir entusiasmado é estar inspirado por Deus. E um dos meios pelos quais Deus se manifesta é a intuição. Esta, por sua vez, se alimenta da fé, para poder se expandir e ser escutada.

Aprender a ouvir e a seguir nossa intuição é o começo da transformação. É a percepção do nosso verdadeiro Ser, em meio às confusões do mundo. Para ter saúde mental, é preciso aprender a reconhecer o silêncio que nos habita. Nesse espaço sagrado, todos os ruídos da mente cessam. Assim, é possível deixar de se identificar com fragmentos da realidade para se conectar com o Eu Universal. Os enganos desaparecem, tornando possível experimentar nossa verdadeira natureza.

Irradiar amor

A intencionalidade de um pedido a uma divindade é a porta para se alcançar o amor. Lembrando sempre que a divindade está dentro de cada um de nós. Com um pedido sincero, é possível curar todas as feridas e se libertar do mundo das aparências. São as pequenas coisas cotidianas que ocupam nossa mente, criando uma teia de aranha para apanhar as moscas incautas. É preciso lucidez para estar conectado com o nosso verdadeiro Ser. Na vida espiritual, pedir é um sinal de humildade e de entrega. Então, sempre devemos pedir que a nossa lucidez possa desarmar qualquer teia de aranha, criada pela mente, para o amor poder vigorar. Porque quem tece essa trama não é uma aranha, mas o medo, usando seus agentes: a dúvida, a indecisão, a desconfiança, o comodismo.

Despertar o amor é acessar a fonte que nos concede a paz e a certeza da verdade. É muito mais fácil para alguém que conhece a sua verdadeira natureza espiritual. Nesse plano, as coisas não se resumem ao certo e ao errado, mas à consciência da Unidade com todas as coisas. Isso está além de qualquer moralidade. O discernimento real não tem origem em códigos morais criados pelos seres humanos. Quem é capaz de acender sua luz interior vai sempre afastar as trevas das dúvidas e dos medos do seu caminho.

Assim, entrego essa minha jornada transformada em palavras. Que possa auxiliar outros buscadores. São os passos de um homem comum em busca da verdade. E, nesse percurso, encontrei muitos espelhos, onde vi aquilo que pretendo alcançar. O Ser que me habita mostrou-me atalhos, por meio de outros homens e mulheres que cruzaram o meu caminho, para me ensinar.

Ainda que eu tenha consciência de que o aprendizado pode durar muitas vidas, confesso não estar com pressa. Vou pouco a pouco, de descoberta em descoberta, entre erros e acertos, seguindo minha jornada pela eternidade. Não estou iludido por minha personalidade, sou isso e sou aquilo também. Na busca por esse equilíbrio que o Buda chamava de Caminho do Meio, vou contando as minhas histórias e as de outros seres que conheci nesta encarnação, sempre com entusiasmo e amor pelo dom da vida que me foi concedido.

Jay Jay Jagdambe, Jay Jay Maa Durga!

O autor

Autobiografia de um homem comum

Em uma das entrevistas deste livro, perguntei a um yogue indiano onde ele tinha nascido e se podia contar um pouco de sua história. Ele me respondeu com outra pergunta: "Você quer saber da minha história neste corpo ou nos outros que habitei?" Parodiando o yogue, vou falar um pouco da minha jornada nesta encarnação como Nelson Liano Jr.

Trabalho desde sempre com palavras. Sou jornalista, escritor e editor. Mas me considero apenas um poeta, no sentido da atitude de vida. Isso me fez peregrinar bastante por todo o planeta em busca de tornar a minha poesia viva.

Tenho sido feliz em minha carreira jornalística. Passei pelos jornais *O Globo*, *Última Hora*, *O Dia*, *Jornal do Brasil*,

Reuters, pelas revistas *Fatos e Fotos*, *Ele & Ela*, *Contigo*, *Planeta*, *Superinteressante*, pelas TVs Bandeirantes, Globo, SBT, entre outros veículos.

Uma das minhas maiores realizações foi apresentar um programa de rádio diário para a Floresta Amazônica, em Cruzeiro do Sul, no Acre. Através da Juruá FM, durante sete anos, conversava todos os dias com agricultores, seringueiros, políticos e habitantes das cidades da região. Atualmente, assino uma coluna sobre política no site *ac24horas.com* de Rio Branco (AC).

Escrevi os livros *Manual prático do vampirismo*, *Bruxas: As habitantes do ar*, *Shiva Jesus: Peregrinando com o vento em busca do ser* e *Acre: Um Estado florestal* (este último em coautoria com Daniele Dacorso). Editei os dois primeiros livros de Paulo Coelho, *O diário de um mago* e *O alquimista*, ainda na Editora Eco. Fui o criador e editor do selo Nova Era do Grupo Editorial Record. Sempre tive dois temas recorrentes nos meus trabalhos e escritos, a espiritualidade e a política. A oportunidade de entrevistar pessoas comuns e incomuns me ajudou a me conhecer melhor.

Jay Jay!

Este livro foi composto na tipografia Minion
Pro Regular, em corpo 12/16, e impresso
em papel off-white no Sistema Cameron da
Divisão Gráfica da Distribuidora Record.